中西洋介 の
アカデミック・バドミントン

JN108594

はじめに

自分の頭で考えて
自分のスタイルを確立するために

皆さん、こんにちは。

私は現役時代、シングルス選手としてプレーしてきました。2008年の北京五輪前に引退。30歳になる前のことでしたが、自分の体が動くうちに指導者として歩み出したかったのです。所属先である日本ユニシスのコーチ、監督、日本B代表のコーチを経て、2017年からA代表のコーチとして、男子シングルスを担当しています。

指導者としていつも考えているのは、「目の前にいる選手は何をしたらいいのか」ということです。自分の経験や考えを押しつけるのではなく、それぞれの選手に合った道を一緒に探していく。毎日そんな姿勢で、選手と向き合ってきました。

この本には、私が得てきた大事なことが詰まっています。しかし、手に取ってくれた選手やコーチの皆さんは、書いてあることを完全コピーする必要はありません。人によって、体格も身体能力もプレースタイルも違う。「100パーセントこうしなくちゃダメ！」ではなく、「こういう打ち方（やり方）もあるんだ」と参考に。自分の頭で考えながら、自分のスタイルを確立してください。この本を成長するためのキッカケにしてもらえたら、現場に立つ指導者として一番うれしいです。

うまい人を見てイメージ
常に試合を想定して練習する！

また、うまくなるためには、うまい人のプレーを見ることがとても大事です。

うまい人を見て自分の体を同じように動かす。上達するには「再現する力」が必要です。本や動画を見て、うまい人のフォームを再現してみましょう。いまはスマートフォンなどを使って、簡単に動画を見られます。「トッ

プ選手のプレーは参考にならない」などと思わず、いいイメージをたくさん頭のなかに入れて、再現力を磨いてください。

　そして、日々の練習に取り組むうえで大事な心構え。それは、「常に試合を想定する」ということです。

　長い時間をかけて練習しても、試合で使えなければ意味がありません。どんな練習でも、常に試合の状況をイメージして取り組む。それができれば、基礎打ちの一本一本から変わるはずです。

　毎日の練習が意味あるものになれば、どんどん上達する。上達すれば、もっともっとバドミントンがおもしろくなります。

　練習のための練習から、試合のための練習へ。意識を変えてコートに立ちましょう！

日本代表　男子シングルスコーチ
中西洋介

Contents

本書の内容と使い方

ショットの
基本理論を知る

第 1 章

ショットの目的、打ち方、練習中に意識するべきポイントなどを、写真や図を使って解説しています！

練習の
意図を知る

第 2 ～ 4 章

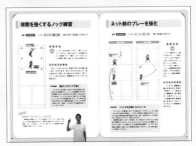

初・中級者に取り組んでほしいパターン練習、ノック練習を紹介！　ノッカーのポイントなども解説しています！

戦術や戦い方を
理解する

第 5 章

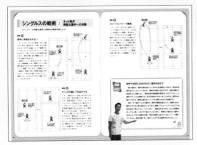

実際の試合で使える戦術や、状況・タイプ別の戦い方を解説しています。ワンランク上をめざす中・上級者向けの内容です！

ショットのポイントを
動画でCHECK！

本書で紹介しているショットのポイントは、総合バドミントンサイト「バド×スピ！（BADMINTON SPIRIT）」の動画で確認することができます。

📹 動画で確認！

📷マークのあるショット（10ページ～）は、QRコードを読み取るか、バド×スピ！で検索し、トップページにある「ムービー」から視聴可能

＊本書は右利きの選手をモデルとして想定しています。
＊本書で紹介する動作を行った結果生じた事故や傷害について著者、発行者は責任を負いません。

私は学生のころ、自分でいうのもナンですが、練習をサボったことはありません。誰かに怒られるとか、人に見られているとかではなく、「サボったら自分に返ってくる」と思っていたからです。とくにシングルスという種目は、練習のときから自分との戦いです。厳しい練習も甘い誘惑も、どこまでガマンできるかが大事だと思っていたし、乗り越えた先によい結果が待っていると思っていました。高校時代はケガが多かったのですが、それでも投げやりになることはありませんでした。「いまの状況で自分のベストを尽くそう」と、黙々とトレーニングに励んでいました。

そんな経験を踏まえて、皆さんに伝えたいのは、「すべての練習は、試合で使えなければ意味がない」ということです。練習の最初にやっているフットワーク、基礎打ち、トレーニングをなんとなくやり過ごすのか、それとも意味のある練習にするのかは、皆さん次第です。練習のための練習にならないように、どんな練習も試合を想定すること。乗り越えた先の結果を信じて、取り組んでください。

第 **1** 章

基本ショット

バドミントンで使う基本ショットのポイントを写真とともに解説します。
各ショットの打ち方をよく見て、
正しいフォームを覚えてください。
試合や練習で使うときの考え方も紹介しています。
チェックした打ち方、使い方を実戦でどんどん試してみましょう！

ドライブとは❓

ネットすれすれに打ち合うショット

コートの中盤付近からネットすれすれをねらい、低く返すショット。主にダブルスで使いますが、近年ではシングルスでも重視されています。強いドライブ、通常のドライブ、ショートドライブの主に3パターン。そのなかで、攻撃を継続するためのドライブと、相手に攻撃させないよう、打点が低くても上げないドライブが存在します。

質を高めれば攻撃の幅が広がり、守備的な場面でもシャトルを沈められれば、攻撃に転じることができます。

ドライブがうまい選手は

プレーの幅が広がる!

ダブルスはシャトルを沈めることが大事。スマッシュを打ったあと、相手からの返球に対して打点が下がっても、ドライブを打てば攻撃を継続できます。レシーブに回った場面でも、ネットすれすれに低く返せば相手の攻撃を1回で止めて、攻撃に転じることができるのです。

また、ダブルスでもシングルスでも、前に詰めてくる相手に対して、速いドライブは有効。ドライブがうまい選手は、プレーのバリエーションが広がります。

ドライブが苦手な選手は

守備の機会が増える…

相手にシャトルを沈められたとき、上げることしかできないと、守備に回ることになります。とくにダブルスでは、上げるとスマッシュを打たれてしまう。ドライブが打てれば、相手の前衛を抜いて前に出て、攻撃態勢に入れるのです。

シングルスでは、ラリーを切る手段として有効です。ドライブを使った速い展開、ラケットワークの勝負に持ち込めないと、体力自慢の選手に対しては、とくに不利になってしまいます。

基本の構え方

ドライブを打つときの構え方やスタンス、打点について覚えよう！

両足が横

両足が前後

両足を横に開くスタンスでフォアと
バックを打ち分けるのが基本

バックを打つとき、初心者は足を
前後にするスタンスから始めてOK

☑ CHECK!

足は横に開くのが基本

　スタンスは両足を横に開くのがセオリー。小さいスイングでフォアとバックを打ち分けます。ネットから浮かないように、安定して「胸の高さ」に返せるコントロールをめざしましょう。相手が沈めてきたら、利き足から前に進んで足を前後にして、攻撃態勢に入ってください。

　初心者はバックで打ちやすい、足を前後にするスタンスから挑戦してOK。ただし、フォアで返すのは難しいので、徐々に横スタンスに慣れましょう。

ドライブの打点は前が基本

差し込まれるのはNG

☑ CHECK!

体の前でとらえる!!

　打点は「より前で」、差し込まれない位置。レベルが上がったら、返球の軌道を予測して自分の打点を決めます。

　相手の打点が高ければ、角度のあるショットがくるので自分の打点は下。相手が腰付近でとらえたら、上がってくるので打点は上。相手がより前でとらえていたら、クロスにくる可能性があるが、差し込まれていたらほぼない。相手の構え、立ち位置、打点、ラケット面などから予測できるのが、賢い選手です。

種目別の構え方・ラケットワーク

種目によって構え方やラケットワークを変えよう!

ダブルスの構え方 打たれる前に構えを限定

バック側の意識(80%)

フォア側の意識(80%)

体の前でラケットを構える　　　ラケットを上げて待つ

　2人で戦うダブルスは、フォアかバックか、相手が打つ前にある程度、限定して構えます。ラリーの展開などによって変わりますが、6対4ぐらいで決めるのが基本。上の写真はわかりやすいように、それぞれ「80パーセントで待つ」構えを示しました。

シングルスの構え方 両方でとれる準備

フォア　　　　　　　　　　　バック

　ダブルスのような速い展開は少ないけれど、広いコートを1人で守るシングルス。こちらは両足を横にして構えて、バックとフォア、どちらもとれるようにしておくこと。それぞれ50パーセントずつの比率で待つのが基本です。

フォアの握りで
対応する範囲

バックの握りで
対応する範囲

　フォアかバックか、ある程度限定して構えるダブルス。展開が速いので、構えと逆にきても握り替える余裕はなく、それぞれの握りのまま対応します。うまく体を使うことで、写真で示す範囲ぐらいまで対応できます。

スイングの軌道を確認（バックハンド）

安定したドライブを打つためのポイントを覚えよう！

GOOD!

打ちたい方向にフォロースルー　　　ラケット面と長く接地させ　　　シャトルをよく見て

BAD...

ラケットが下がってしまう　　　すぐに手首を返す

POINT インパクト後に押し出す

　ドライブのコースを安定させるには、ラケット面を打ちたい方向に向けてフォロースルーすること。ストレートは真っすぐ、クロスはクロス方向に、確実にラケット面を向けましょう。

　さらに、シャトルとラケット面が接地する時間を長くするイメージを持つと、キレイな軌道のドライブが安定して打てます。振りきる前にラケット面を返すのは、接地時間が短くなって不安定になるのでNGです。

打点で注意すべきこと

打点によってドライブの強さ・コースを変えよう!

高い打点

白帯より上の高い打点で打てるときは、速く強いドライブで押し込んでいく

低い打点

ヘソより下付近の低い打点からは、沈む軌道のゆるいドライブを打つ

Level up!! 打点によって強さを変える

　自分の打点が低い位置、ヘソより下付近になったら、ドライブを強く速く打たないこと。シャトルの軌道が下から上になり、攻撃的なカウンターショットを打たれてしまうからです。

　低い打点になったら、「シャトルを沈める」ことを重視。ネットすれすれから相手コートに落ちていく、ゆるいドライブを打ちましょう。たとえば、サ

ービスリターンで押し込まれたとき、強く返した球が浮いて、上から決められることがあると思います。そこはゆるいドライブで沈めて下からとらせれば、自分が上から打てるのです。

　ネットの白帯の高さを基準として、「白帯より上からは強く、下からは軽く沈める」。ドライブの使い分けができると、ラリーで優位に立てます。

正面にきた球への対応

とりにくいコースの対処法を覚えよう！

体の正面へのシャトルは、ヒジと肩を動かしてラケット面を変えて対応

手元に注目

ラケット面を変えて対応するときは、グリップが重要。指先だけで軽く握り、親指と人さし指の付け根でできた「V」字部分に、すき間ができるぐらいの余裕を持たせる。

Level up!! ラケット面の角度を変える

　ドライブで意外と難しいのが、体の正面にきたシャトルです。体を移動してフォアかバックで打てればいいですが、その余裕がないケースもあります。

　そんなときは、ヒジと肩を動かして対応。グリップに余裕を持たせておけば、ラケット面の角度を変えてさばけます。私のなかでは指先だけで握る感覚。親指と人さし指の付け根の「V」字部分に、すき間ができるぐらいです。力んで強く握っていると、素早いラケット操作はできません。

基礎打ちでのねらい

ドライブを基礎打ちで打つねらいを確認しよう!

POINT 相手のミスショットも練習と考える

基礎打ちで最初に打つことが多いドライブ。まずは、ラケットをしっかり振ること。ただし、大振りするのではなく、コンパクトに鋭く。ラケットを押し出すように、強い球を打ちましょう。基本的には、相手の顔近辺をねらって、上に抜けたり、ネットにかけたりしないように打ち続けます。

フォアとバックの範囲を、自分の感覚でつかむことも大事です。中、高校生は、ずっと同じところに打ち続けてしまいがちですが、試合中はフォア、バック、高いところ、低いところ、いろいろ飛んできます。相手がミスしても、カバーして打ち続けることを意識してください。ドライブに限らず、基礎打ちではミスをしないことはもちろん、つなげる意識も持ちましょう。

POINT 50センチ範囲をコントロール

ドライブは上から打つことを心がけますが、ネットより低い軌道のシャトルをどう返すか。強い球を打とうとすると、シャトルは下から上に向かって勢いよく飛んでいき、カウンターを食らってしまいます。そうならないためには、ゆるめに流す感じで打つこと。ねらい目はネットの白帯より下。下から打たせ、角度をつけさせないようにするのがベストです。

不利な状況を抜けるには、ゆるい球を使って守備から攻撃に転じましょう。具体的には、相手が白帯より上の高さで打つショットを回避する球です。白帯より上か下か、この約50センチの高さの違いによって、次の展開も大きく異なります。高さの使い分けや駆け引きが、勝負を分けるのです。

実戦につながる考え & 練習

試合に直結する考え方を知り練習に取り組もう！

CHECK スタンスを変える判断

要チェック!!

ドライブは、相手からの返球に応じて姿勢を変えることも必要です。基本的には、より強く打てるフォアの打点に合わせること。そのために、ヒザを曲げたり、足を広げたりします。前に出るか、後ろに下がるか、攻めるのか、守るのか、前後と左右のスタンスを選択しながら打つ。駆け引きを取り入れることで、試合で使えるショットになるのです。

たとえば、相手が下からゆるい球を打てば、前に詰めて上からたたけます。つまり、下から打たせることができたら、前に出やすいように、足を前後にしたスタンスにする。逆に、自分が下から打たされたら、足を横に開いた守備的スタンスで左右をカバー。形勢逆転したら前に出ればいいのです。

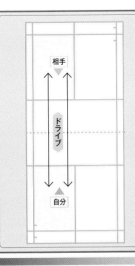

相手

ドライブ

自分

PRACTICE 動く範囲を限定

練習法!!

コートの半面、ショートサービスラインとダブルスのロングサービスラインの間のエリアで、ドライブだけでゲーム。ショートサービスか、一番後ろからドライブを打ってスタート。ロブは禁止として、ネットすれすれの球で勝負すること。フォアとバック、強い球とゆるい球を使い分け、有利な形をつくって決めにいきます。前後と左右のスタンスを選択しながら、試合さながらの駆け引きを楽しんでください。

▶️ カット＆ドロップ —— Cut & Drop

▶▶ カットとドロップの特徴を覚えよう！

カット＆ドロップとは❓

打ち方も使い方も異なるショット

「ネット前に短く落とすショット」として使われるカットとドロップですが、打ち方も使い方もまったく異なります。

大きな違いはシャトルとラケット面の当て方。面を切って当てるのがカット、フラットに当てるのがドロップ。ドロップは当たる瞬間にスイングスピードを落としますが、カットはクリアーやスマッシュに近い力でラケットを振ります。シャトルとラケット面が斜めに当たるので、失速して沈む軌道で飛んでいくのです。

カットの特徴

相手の反応を遅らせる効果あり

カットはドロップより球足が少し長くて、スピードは速く、シングルスでよく使われます。ラケット面でシャトルをタテ（または斜め）に切るように打つので、全力でスイングしてもスマッシュより速度が落ちます。フォームからスマッシュと予測した相手の反応を、遅らせる効果があります。

当て方、切り方、シャトルの材質や会場の風などにも影響を受ける、繊細で奥深いショット。私は現役時代、一番時間を割いて練習しました。

ドロップの特徴

時間をつくれるショット

ショートサービスラインより手前に、ふわっと落ちるドロップ。速くスッと沈むカットに対し、ゆっくり落として時間をつくりたいときに使います。スマッシュやカットを生かしたり、フェイントで相手のタイミングを崩したりする効果もあり。

主にダブルスと女子シングルスで使われ、男子シングルスの攻撃的な戦術として打つ選手は、あまりいません。私も現役時代は、追い込まれたときの「つなぎ」として使うぐらいでした。

カットの打点を確認

カットを決めるための打点を確認しよう！

フォア

真ん中

ラウンド

リバースも使おう！

フォアからのカットはストレート、クロスの両方をよく使います。中・上級者は、同じ位置からリバースカット（23ページ）でストレートに打てればベスト。相手のタイミングを外す効果もあり、攻撃の幅が広がります。フォア奥からストレートのリバースカットは難しいですが、ぜひ練習してください。

打点を確認

カットの達人になるための第一歩。まずは体の真ん中の位置でシャトルをとらえ、カットを自在に打ち分けられるようにします。自分が打ちやすいと感じる打点を確認しながら、しっかり練習してください。斜めに切る通常の当て方とリバースカット、両方打てるようにしましょう。

ストレートにも挑戦

ラウンドからのカットも大事なショット。ラケット面とスイング軌道から、リバースカットを打つのはそれほど難しくはありません。ラウンドからは、巻き込んで打つストレートカットのほうが難しいですが、上級者には欠かせない技術。自分の打点をつかむために練習を重ねてください。

カット&ドロップ── Cut & Drop

カットのスイング軌道

カットのスイング軌道を連続写真で確認しよう!

スイング&フォームをCHECK! ラケット面をタテに切る!

打つ瞬間に
面の角度を
内側に絞る

POINT 手首を小さく使う

　落ちてくるシャトルに対して、ラケット面をタテ
(または斜め)にして内側で切ります。シャトルの側
面を切ることで、クリアー、スマッシュに近いスイン
グスピードでも球速が落ちるのです。ただし、スマッ
シュがヒジの回内まで使うのに対し、カットは手
首をタテに、小さくコンパクトに使います。

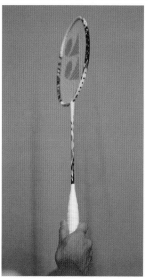

握り方をCHECK!

　イースタングリップから、
グリップを少し右に傾けた握
り。そのまま振るとシャトルを
切りやすい。

ドロップのスイング軌道

ドロップのスイング軌道を連続写真で確認しよう!

スイング&フォームをCHECK! ラケット面をフラットに当てる!

面をフラットにして
当てる

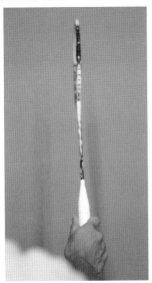

ＰＯＩＮＴ 力の調整が必要

　クリアー、スマッシュと大きく変わらないフォームで、シャトルに対してラケット面をフラットに当てます。打つ直前にスイングスピードをゆるめますが、相手に読まれないように、常に同じフォームで打つことが大切。大きく振りかぶってパッと寸止めするなど、フェイント動作を入れるのも効果的です。

握り方をCHECK!

　オーソドックスなイースタングリップ。このままシャトルに対してラケット面をフラットに当てにいけばOK。

カット & ドロップの軌道

カットとドロップの軌道の違いを理解しよう！

カットの軌道 速くスッと沈む

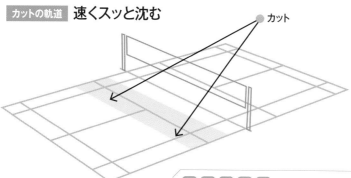

P O I N T 速さと角度を意識

カットの軌道はドロップより球足が長く、スピードを保ったままスッと沈むのが特徴。シャトルを速く落としたいときなど、攻撃的な展開で使われることが多い。

ドロップの軌道 短くふわっと落ちる

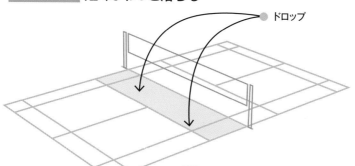

P O I N T ネット際に落とす

ショートサービスラインより手前にふわっと落ちるドロップは、シャトルをゆっくり短く沈めたいときに使う。シャトルの滞空時間が長いので、体勢を整えやすい。

リバースカットの打ち方

リバースカットとカットの違いを確認しよう！

リバースカット
外側に切る
手のひらは外側を向く

☑ CHECK! ラケット面を外側に向けて切る！

中・上級者に打てるようになってほしいのが「リバースカット」。主にラウンド側からクロス方向に打つときに使います。

ラケット面がフラットな状態でシャトルをとらえて打つのがドロップ（21ページ）。面をタテにした状態で内側で切って打つのがカット（20ページ）。そのカットのなかで、面を外側に向けながら切って打つのがリバースカットです。手のひらが外側を向いた状態で、外側に切って打ちます。

カット
ラケットでタテに切る
手のひらは内側を向く

☑ CHECK!

シャトルの側面を切る！

あらためて、20ページで紹介したカットと比べてみましょう。通常のカットはヒットの瞬間、シャトルに対してラケット面をタテ（または斜め）にして内側に切ります。コルクの先端ではなく、シャトルの側面を切るのです。同じスイングで打つクリアーとスマッシュのインパクトが「パーン！」とイメージできるのに対し、カットは「シャキン！」と包丁で切るようなイメージです。

基礎打ちでのねらい

カットとドロップを基礎打ちで打つねらいを確認しよう！

ＰＯＩＮＴ タイミングを外す意識で練習！

ラケット面で切るように打つカット、フラットに当てるドロップ。それぞれ試合で使えるようになるには、どれだけスマッシュやクリアーに近いフォームとスイングで打てるかどうか。トッププレーヤー同士の試合では、豪快にジャンプしてスマッシュ！ と見せかけて、ネット際にふわっとドロップを落とす。そんな「寸止めドロップ」が使われているのをよく見ます。

毎日の基礎打ちやノック練習、パターン練習で、「カット（ドロップ）を打つためだけのフォーム」でカット（ドロップ）を打ち続けても、試合で使えるまでの上達は期待できません。シャトルの下までしっかり足を運び、体を使い、強いショットを打とうとした状態から打ち分ける。その技術を磨いてください。

また、カットは「これぐらい切れば、あそこにいく」という感覚、ドロップはネットすれすれの高さで、ショートサービスラインより前に落とす「距離感」を身につけることが必要。どちらも一本一本打ちながら、自分で覚えるしかありません。

対戦相手のタイミングをどう外し、どう惑わせるか。常に試合を想定して、しっかり打ってください。

トップ選手は同じフォームからカット、スマッシュの打ち分けを意識している。また、男子選手はタイミングを外すためにジャンプをして打つことが多い

実戦につながる考え & 練習

試合に直結する考え方を知り練習に取り組もう!

CHECK ドロップとカットを打ち分ける

同じネット前に落とすショットでも、カットとドロップはまったく違います。

速い展開で攻撃したいときは、カットが有効。ラケットワークに優れ、広範囲に打ち分ける技術が高いシングルス選手は、得意にしています。

ゆっくり落ちるドロップは時間をつくれるので、追い込まれたときに使いましょう。ダブルスでは、スマッシュが決まらない場合などにドロップを使うと、変化球のようにタイミングを外すことができます。

どの位置からでもクロスとストレートに、カットは通常のカットとリバースカットを、目的に合わせて打ち分けられるようにすること。苦手なショットが出てくると思いますが、苦手だからこそ練習で克服するのです。

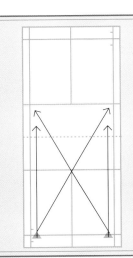

練習法!!

PRACTICE
カットは4コースをねらう!

フォアからストレートとクロス、ラウンドからストレートとクロス、基本的なコースは4つです。それぞれの位置とコースで、内側に切る、外側に切る(=リバースカット)をしっかり打ち分けられること。同じ打点から内側と外側に切って打てれば、相手をより惑わせることができます。

さらに、クリアーの打点(体の後方)からカットを打てれば、逆を突いてエースショットにもなりえます。

ロブとは

守備で使う重要なショット

ロブはネット前に落とされたシャトルを大きくコート奥へ上げる、守備的なショットです。シングルスではとくに重要で、日本代表でも時間を割いて練習します。

理想的なロブは、バックバウンダリーライン付近という距離に加えて、「高すぎず、低すぎず」という高さも大切です。高すぎると相手に回り込む時間を与えてしまい、低すぎると跳びついて打たれてしまう。相手の打点をより後ろにする、絶妙な高さを意識しましょう。

ロブがうまい選手は

ラリー展開に余裕がある

ロブが得意な選手は、心に余裕が生まれ、無駄なスタミナを使わずに試合を運ぶことができます。

絶妙な高さのロブで相手をコート奥までしっかり追い込めば、100パーセントの力で打たれることが少なく、しっかり守備ができる。相手がクリアーなど、つなぎ球を打ってくることが増えるので、ラリーの主導権を奪い返すことにもつながります。守備をしながら相手のペースを崩し、うまくラリーを展開することができるのです。

ロブが苦手な選手は

苦しい状況が続いてしまう

ロブが苦手でコート奥まで返せないと、攻撃を受ける回数が増えます。相手にいい体勢で打たれてしまい、レシーブで後手に回って苦しい状況が続くことに。ロブに自信がないからとネット前でヘアピン一辺倒になれば、相手に読まれてしまいます。

なお、ロブが苦手な人の特徴の一つが、ストレートにきちんと打てず、クロスに打ってしまうこと。続く展開ではコート内の移動距離が長くなり、スタミナのロスにつながります。

ロブの打ち方

ロブを打つポイントを確認しよう!

フォアハンド

バックスイングは小さく

目線はシャトルに

面を相手に見せる

押し出す

✓ CHECK!

**ラインにラケットを
合わせる意識**

ストレートロブは、ラケット面を相手に見せて、サイドラインに合わせて真っすぐ押し出すようにスイング。バックスイングを大きくとらず、ラインに「ラケットを合わせる」感覚です。目線は目標地点ではなく、シャトルに向けてください。

バックハンド

目線は
シャトルに

バックスイングは小さく

面を相手に
見せる

押し出す

✓ CHECK!

打つ方向に押し出す

ラケット面はすぐに返さず、真っすぐ向いている時間を継続。打つ方向に押し出します。結果として手首は少し返りますが意識して返すことはしません。前足はカカトから着地。つま先とヒザはシャトルに真っすぐ向け、前足を着地後に打ちます。

ラケットワークを確認

コースを意識したラケットワークを覚えよう！

ストレートロブ

インパクトから

押し出す

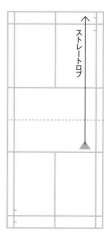

ストレートロブ

☑ CHECK! 真っすぐ押し出す

ストレートは「真っすぐ押し出す」イメージ。ラケット面をすぐに返さず、ストレートに向ける時間を長くとって押し出す。

クロスロブ

インパクトから

回転（回内）

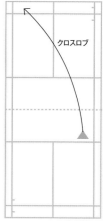

クロスロブ

☑ CHECK! 腕を回すイメージ

ラケットを握って体の前に出すと面はクロスに向いている。そのまま「腕が回転」というイメージで振れば、シャトルはクロスへ。

P O I N T 面の向きを調節する

ラケットを握った手を体の前（フォア前）に出すと、ラケット面が自然とクロスに向いていることに気づくでしょう。そのまま振れば、シャトルはクロスに飛んでいきます。

ストレートは「真っすぐ押し出す」で、クロスは「腕が回転（回内・回外）」。打点を下げすぎずにシャトルをとらえ、しっかりコントロールします。

クロスロブの打点を確認

クロスロブを打つ打点を考えよう！

高い打点から　　　　クロスへ

POINT 早くさわる意識

ロブをクロスに打つときに大事なポイントの一つが、打点を下げないこと。「クロスに打つときは早くさわる」が基本です。自分が間に合った一番高い位置で、素早くシ

ャトルをとらえてください。

また、高い打点でとらえても、ロブの軌道が低いとカウンターを打たれます。高さやスピードも考えましょう。

低い打点だと　　　　奥に飛ばない

POINT 打点を下げない

クロスロブを打つときに打点が下がると奥まで飛ばすのが難しく、相手につかまって逆サイドに打ち込まれる可能性があります。打点を下げない意識が大切です。

なお、ストレートロブは体と近い距離で打つことが大事なので、近づくための時間が必要となります。そのため、打点が低くなる可能性があることを覚えておきましょう。

足の踏み込み方

ロブを打つときの正しい踏み込みを覚えよう！

着地の仕方

前足の踏み込み

カカトから着地

つま先から着地

POINT カカトから着地する

体を安定させるために、踏み込む前足を着地するタイミングは、「着地→打つ」の順。必ずカカトから着地しましょう。つま先からついたり、足裏全体を同時についたりする

のはNG。足を痛めることにつながります。

後ろ足は、前足だけで戻れるなら残してもOK。前足の力が足りない場合は、後ろ足を引きつけて両足の力で戻ります。

足の向き

つま先とヒザの向き

つま先とヒザがシャトルに向いている

つま先とヒザがシャトルに向いていない

POINT シャトルにつま先を向ける

前足のつま先とヒザは常に同じ向き。シャトルの方向に真っすぐ向けます。体の勢いを止めて戻りやすくしようと、着地したときにつま先を横にするのは基本としてNG。

ヒザや足の外側の筋肉に大きな負担をかけることになります。つま先とヒザは、いつもシャトルに向けること。ロブだけではなく、ヘアピンなどを打つときも同じです。

アタックロブを使い分ける

アタックロブとロブの軌道について考えよう！

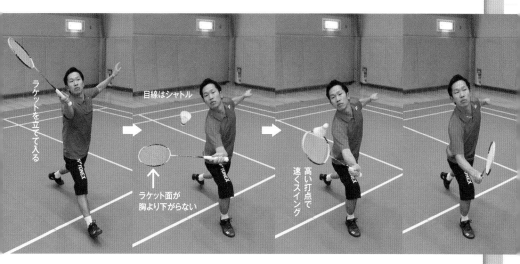

ラケットを立てて入る

目線はシャトル

ラケット面が胸より下がらない

高い打点で速くスイング

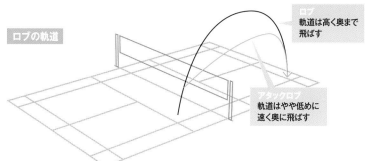

ロブの軌道

ロブ
軌道は高く奥まで飛ばす

アタックロブ
軌道はやや低めに速く奥に飛ばす

ⓅⓄⒾⓃⓉ 高い打点でとらえる

　中・上級者にチャレンジしてほしいのが、アタックロブ。試合で勝つために欠かせないショットです。通常のロブの打点は胸の高さより下ですが、アタックロブの打点は胸よりも上。ラケットを立てた状態でネット前に入ることで、プッシュやヘアピンもあると相手に思わせ、反応を遅らせることができます。

　意識してほしいのは、「速さ」という要素。高い打点から素早く相手を追い込むスピードが大事です。プッシュを打つ気持ちでラケットを立てて入り、高い打点でコンパクトにスイング。目線は通常のロブと同じく、目標地点ではなくシャトルです。

ロブの使い方

ロブの質を高める考え方を学ぼう！

POINT 打ちやすい打点に足を運ぶ

ロブの基本は足をしっかり運んで、自分が一番打ちやすい打点でとらえること。利き足を前に出したランジの姿勢でラケットを振ります。クロスは手を返せば簡単に打てますが、ストレートは足を入れて、手と一直線にしないと打てません。ダーツやボウリングなど、目標までのラインに手を真っすぐ乗せているのと同じです。手をシャトルの軌道に乗せて、体全体で手のひらを押し出すイメージ（バックハンドは手の甲）で打ちましょう。

日本代表では、ストレートロブの強化にずっと取り組んでいます。急ぎたい、早く打ちたいと、手だけ伸ばしてクロスに打つのを、しっかり足を運んでストレートに打つ。ロブの練習のほとんどはストレートです。

POINT コースによって戻る位置を変える

シングルスでクロスロブを使うと、戻る位置はクロス寄り。ストレートロブを打ったあとよりも、50センチ〜1メートルほど遠くなる。さらに、クロスロブをストレートで返されれば、速く動いて対応することになります。

それに対して、ストレートロブを打って相手からクロスで返ってくれば、自分に時間ができます。安易にクロスに逃げるより、ストレートのロブを使って近い距離で守ったほうが、自分のスタミナを節約できるのです。

上のPOINTにも書いたように、ストレートのロブはしっかり足を運び、体を入れてラケット面をストレートに向けて押し出すイメージで打ちます。クロスより難しいので、よく練習しておきましょう。

実戦につながる考え方

試合で無駄な動きを防ぐための考え方を覚えよう！

CHECK ロブを打ったあとの戻り方

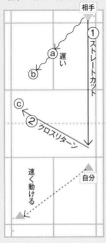

【図1】
相手＝遅い／自分＝速い

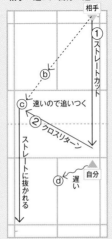

【図2】
相手＝速い／自分＝遅い

【図3】
相手＝速い／自分＝遅い

　相手のフットワークが遅い場合は、クロスを使うと有利です。ストレートロブで相手をバック奥に追い込んだら、ストレートカットを打ってきた（①）。それに対する返球はクロスに短く（②）。相手はフットワークが遅いので、戻りたい⑥に届かず、ⓐまでしか戻れていない。一番遠いフォア前ⓒに落としましょう。自分はフットワークが速いので、フォア前ⓒからのストレート返球にも対応することができます。

　図1と同じ展開ですが、フットワークが速い相手はⓑまで戻っている。フォア前ⓒにも間に合い、ⓓまでしか戻れていない自分は、ストレートに抜かれたら間に合いません（図2）。ここで有効なのが、相手のストレートカットに対するストレートロブ（図3）。相手はⓔまで戻り、一度止まってからバック奥に下がるので、スピードも体力も奪われます。このとき自分が戻る位置はⓕ。クロス前やクロスロブを打ったあとであればⓖ。コート内の約1メートルの違いですが、この積み重ねが終盤に響くのです。

▶ プッシュ—— Push ▶▶

プッシュ とは❓

決め球であり、崩し球でもある

どの種目でも決め球として多く使われるプッシュ。また、相手を崩して次で決める「崩し球」の要素もあります。いずれにしても、ラリーのなかでミスをしやすい、非常に繊細なショットです。

決め球と崩し球の違いは打点。より高い位置であれば決め球、ネットの白帯からあまり浮いていなければ崩し球。その分岐点は練習のなかで決めておきましょう。共通するのは体の前、より正面に近い位置でとらえることです。

プッシュがうまい選手は

体の前でとらえられる!

プッシュがうまい人は、シャトルをとらえる位置が体の前。目線を正面として頭の前、視界の範囲内に打点があります。ダブルスでは上体が自然体か、やや前傾の姿勢で構える。速い展開でも、打点は常に自分の頭の前。頭の上はシャトルが見えていないのでNGです。

上のレベルでは、相手の返球の軌道を見て「ここにくる」と判断。常に正面でとらえるのは難しいですが、「自分の範囲」でつかまえることが必須です。

プッシュが苦手な選手は

打点が下や後ろにある

プッシュが苦手な人の多くは、打点が下や後ろ。立ち位置が下がったり、上体がのけぞったりすると、角度をつけるのが難しくなるので、ネットすれすれのシャトルも、前でとらえたほうが安定します。

よく、「ラケットを上げて」といいますが、ラケット面は頭の上ではなく頭の前に。ネットすれすれのシャトルを打つには、160〜170センチあたりにラケット面があれば十分です。頭上高くだと、バック側を速い球で抜かれる場面が増えてしまいます。

基本の構え方

プッシュを打つときの構え方やスタンス、打点について覚えよう!

ダブルスの前衛の待ち方（正面）

ヒジが開かない

ヒジが開いている

✓ CHECK!

ヒジを開かない

　プッシュは体の前で、より正面に近い位置でとらえることが大事。ヒジを開かずに構えましょう。握りはイースタングリップから少し開いてウエスタングリップ気味にすると、バック側の球も体の前で当てやすい。うまく打てない人は試してみてください。

ダブルスの前衛の待ち方（横から）

ラケットが頭の前

ラケットが頭の後ろ

✓ CHECK!

ラケットは頭の前に

　打点が自分の視界の範囲ということは、ラケットは「頭の前」で構えるのが基本。ネットまでの距離が近くなるので、たたけなくても高い位置からヘアピンを打つことができます。ラケットが頭の後ろだと打点が下がり、角度がつきづらくなってしまいます。

ラケットワークを確認

正しい構えからどのようにラケットを使えばいいかを覚えよう！

ラケットをヒジから押し出す

☑ CHECK!

ラケット面を押し出す

ネットの近くで構えるダブルスの前衛は相手との距離が近く、返球スピードは速く感じます。といっても、速い球に対しては、小さい振り幅でも強い球がいくもの。力んで振る必要はありません。ラケットワークの基本は、文字どおり「押す」。目標地点となるバックラインに面を向けて、押し出します。

前に押し出す

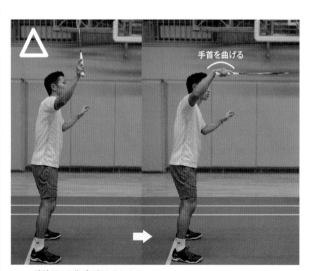

手首だけを曲げて打とうとする

☑ CHECK!

手首を折り曲げない

角度をつけるために、手首を曲げて振り下ろすのはおすすめしません。腕全体を使ってラケット面を打ちたい方向に向けましょう。打点が後ろになった場合は、手首の回内運動を使って角度を調整してください。

また、プッシュを打つときに大振りすると、ラケット面にしっかり当たらず、ネットミスやバックアウトの原因に。コンパクトなスイングを意識しましょう。

手首を曲げる

ヒジの使い方

プッシュを打つときのヒジの位置をチェックしよう！

ヒジが体に近いと　　　　　　　バック側も前でさわれる

☑ CHECK!

体の近くで構える

　構えるときに大事なのが、ラケットを持ったヒジの位置です。体に近いところにあったほうが、フォアもバックも体の前でとらえやすい。ヒジは極端に開いたりせず、「ほどよく中間」を心がけましょう。

ヒジが体から遠いと　　　　　　反応が遅れて体の前でとらえられない

☑ CHECK!

開きすぎに注意

　構えたとき、ヒジを横に開いてしまうと、バックハンドで対応するべきシャトルへの反応が遅れてしまいます。ある程度の高さがあればラウンドで打ちやすいように思えますが、体の前でとらえることはできません。

体の使い方

安定したプッシュを打つための体の使い方を覚えよう！

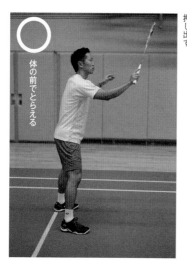

○ 体の前でとらえる

ラケットは頭の前で、自分の視界の範囲内でシャトルをとらえて押し出す

△ 体がのけぞってしまう

のけぞった状態からプッシュを打つとミスにつながる。速い球で抜かれそうになったら無理をせず、シャトルを落として対応する

☑ CHECK! 上体を下げたり、のけぞったりしない

プッシュは体の前でとらえるのが理想。上体が下がったり、のけぞったりすると、シャトルに角度がつかず、浮いたり、アウトになったり、ネットにかかったり、ミスにつながります。できるだけ体の前でさわりましょう。ただし、あまりにも速い球で、前でさわるのが難しいとき、わざと上体を下げたり、のけぞったりして、距離と時間をつくることはあります。その場合は無理にプッシュを打たず、シャトルを確実に落としてつなげましょう。

Level up!! 前衛ではコンパクトにスイング

ダブルスの前衛が大きいスイングでプッシュすることは、ミスにつながります。ネット近くで速い球に対応するときは、確実に入れることを最優先させましょう。

シャトルが飛ばないなどバックアウトしづらい状況では、強めのスイングで決めにいってOK。しかし、シャトルが飛びやすい状況でバックアウトしやすいのであれば、安全策をとりましょう。

試合で勝つためには、ミスの確率を減らすことを考えて、相手を崩して後衛のスマッシュを引き出すプッシュを打てばいいのです。前衛はコンパクトなスイングで、シャトルを確実に沈めることを心がけましょう。

スタンスについて

実際の試合で応用できるスタンスを確認しよう！

☑ CHECK! ダブルスの前衛は足を広げて待つ

ダブルスの前衛の場合、足を横に開いた状態で構えておくと、左右をねらったシャトルに対して反応しやすい

ネット前で強く速いシャトルに対応するダブルスの前衛は、両足をサイドに開いたスタンスで構えるのが基本。左右に動くことを考えても、「両足を開く」がベストです。

ただし、前衛が対応する範囲内で、ネット前に落とされると予想できることがあります。その場合は、シングルス（下段参照）のように、足を前後に開くスタンスに。素早く切り替えて、ネット前に詰めてプッシュしましょう。

☑ CHECK! シングルスは足を前後にしておく

両足が前後 ➡ 前足で踏みきって ➡ 一歩でネット前へ

シングルスでは、プッシュを返されてもパートナーがいません。相手からのロブやヘアピンに対応できるように、足を前後にしたスタンスで構えるのが基本です。

プッシュは強さよりコースが大事。ラケットを車のワイパーのように右から左へ、横方向の軌道を描くスイングで打ちましょう。上級者はコルクを切るように当ててコースを読ませない打ち方を覚えておくと、相手のミスを誘ったり、判断を遅らせたりできます。また、自分がヘアピンを打ったあと、相手からのヘアピンに合わせてプッシュ。これができると効率よく得点できます。

プッシュ —— Push

基礎打ちでのねらい

プッシュを基礎打ちで打つねらいを確認しよう！

POINT ラケット面の準備は早めに！

プッシュは常に視界のなかでシャトルをとらえるのが基本。構えはラケットが頭の前、グリップが目の前。ラケットヘッドは、相手が打つ瞬間に上がっています。基礎打ちではラケットを振ったらすぐ戻す一連の動作を、リズミカルに行いましょう。

また、プッシュやドライブは、自分のフォアとバックの範囲を理解すること

が大事です。プッシュはドライブよりさらに時間がないなか打つので、「握り替えずにどちらも打てるグリップ」を自分なりに探すようにしましょう。

私は常に、広い面と細い面の間に親指を当てていました。握り替えて打つ場合でも、フォアとバックをハッキリ分けるのではなく、より近づけることをおすすめします。

POINT ポジションとスタンスを変える

普段の基礎打ちでプッシュを打つときは、必ず試合を想定したポジションで。ダブルスの場合、ショートサービスラインの50センチから1メートルぐらい後ろ。そこから前に出る、ときには長めに落とすなど、常に試合を意識して打ち込みます。シングルスはホームポジションで構えて、前に出てプッシュ。打ち終わったら、素早くホームポ

ジションに戻ります。

スタンスは、横の動きが入るダブルスの練習であれば、足を横に開く。シングルスはタテの動きを重視したいので足は前後です。ただ漠然と打つのではなく、練習したい種目を意識すること。自分がいるべきポジションと、左右と前後のスタンス、どちらもしっかり使い分けてください。

実戦につながる練習

試合に直結する練習に取り組もう!

練習法!!

PRACTICE
駆け引きありのプッシュ

試合での駆け引きを磨くプッシュ&レシーブの練習です。プッシュとレシーブを何度か打ち合ったあと、ネット前に落とす球、強いレシーブなどを入れて前を取り合い、ショートドライブやヘアピンの応酬へ。レシーブ側はダブルスのサイド・バイ・サイドから前に出て、トップ&バックになる形をイメージします。

お互いに「相手に上でとらせず、自分が上から攻める!」ことをめざしてコースや緩急を意識しましょう。

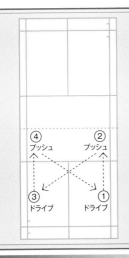

練習法!!

PRACTICE
動きを入れたプッシュ練習

シングルスのプッシュは、「後ろから打つ→ネット前でプッシュ」というパターンが多い。その動きを想定したフットワークを入れたノックは、非常におすすめです。「後ろで素振り→ネット前でプッシュ」を基本として、コートを大きく動きます。

①フォアのハーフからドライブ②フォア前でプッシュ③下がってバックドライブ④バック前でプッシュ。このくり返し。①と③は素振りでもOKです。

▶ レシーブ — Receive

▶▶ レシーブの特徴を覚えよう！

レシーブ とは ？

攻撃へとつなげるショット

攻撃と守備があるバドミントンは、攻めて点数をとることと同じくらい、守って点数をとられないことが大事。日本代表でもレシーブを重要視しています。

ただし、レシーブがうまいから勝てるというわけではありません。試合では、相手がいい体勢から攻撃する状況を減らすこと、自分のレシーブ回数を減らすことが求められます。技術を磨くと同時に、どんなレシーブをして自分の攻撃機会を増やすか。判断力を高めることも重要です。

レシーブがうまい選手は

体と技術と頭脳をうまく使える

レシーブがうまい選手には、主に四つの要素があります。①体の使い方がうまく、広い範囲に対応できる②ラケット面のつくり方がうまく、シャトルをとらえてキレイに返す「当てる感覚」が優れている③相手の力に負けないパワーがある④相手のフォームやシャトルの位置から、素早く正確にコースを判断できる「読み」がいい。

体と技術と頭脳をうまく使えて、攻撃につなげる返球ができる。そんな選手が、レシーブがうまいといえます。

レシーブが苦手な選手は

状況に応じた判断ができない

レシーブが苦手な選手は、攻撃につなげる前に簡単に失点してしまいます。一発で決められてしまう選手と、レシーブで3回以上しのげる選手。どちらが勝つ可能性が高いか、わかりますよね。

また、どんなレシーブを選択するかも大事です。余裕がなく必死に上げるだけでは、さらに打ち込まれる。気持ちが引いて差し込まれていたら、強く返せない。状況に応じた選択ができているのか、自分のレシーブを振り返ってみましょう。

遠くに返すレシーブ（ロングレシーブ）

コートの奥に返す打ち方を学ぼう！

シャトルのコースにラケット
を構える

手首を返して振り上げる

体の前方でシャトルを打つ

　コート奥まで深く返すロングレシーブは、大きな力を蓄えてシャトルへと伝えます。まずは、ラケットをシャトルのコースに合わせて構える。そこからラケットをシャトルの下にもぐり込ませ、手首を返して力強く振り上げます。実際に打ってみれば、体の近くではなく「前方」でとらえたほうが、ラケットを振り抜きやすいことがわかるはず。差し込まれてしまうと力強く返せません。

体に近すぎる打点は打ちにくい

腕が伸びきった打点で打つ

P O I N T

腕が伸びきった位置で

　ロングレシーブは、体の前方、腕が伸びきった位置でシャトルをとらえます。体の近くまで差し込まれてしまうと、相手コート奥まで、大きく返す力を蓄えることができません。ラケットを大きく振り抜くためにも、体の近くではなく前方、腕が伸びきった位置を打点としましょう。

短く返すレシーブ（ショートレシーブ）

ネットの近くに返す打ち方を学ぼう！

ショートレシーブ

面の角度を合わせて　　　　しっかりコントロール

☑ CHECK!

角度を合わせて
コントロール

　ネット前に短く返すショートレシーブは、「より前で」が基本。シャトルのスピードに合わせて、打ちやすいタイミングでとらえます。打点以上に大切なのは、ラケット面の角度を合わせてコントロールすること。面を合わせてシャトルが浮かないように。大きなスイングは必要ありません。ダブルスではネット前に落としてそのまま前に入ることが多いので、次のプレーを考えてコースをねらいます。

Level up!! ショートレシーブで勝負

　ロング、ドライブ、ショートと、大きく三つに分けられるレシーブ。そのうち、初・中級者が使う頻度が一番少ないのが、ネット前に短く返すショートレシーブではないでしょうか。高さと距離のコントロールが難しいですが、上のレベルで勝つためには欠かせない、とても大事なショットです。

　たとえば、ダブルスでは後衛のミスより、前衛がさわってミスするほうが失点につながりやすい。守備側は単純に上げて打たれ続けるのではなく、相手の前衛の力量を見て、「ネットの白帯より沈めていく」というのも作戦の一つです。ドライブレシーブとショートレシーブ、うまく組み合わせて前衛に当てて、ラリーの幅を広げましょう。

　近年はラケットの性能が上がり、相手のスマッシュに対して面を合わせるだけで、レシーブすることができます。練習から「面を合わせる」という意識を持って、打点は「より前で」。ショートレシーブをうまく使って、勝利を引き寄せましょう。

鋭く返すレシーブ（ドライブレシーブ）

ドライブに近い、速くて低いレシーブを学ぼう！

ドライブレシーブ

ラケット面を正面に向けた状態
で、体にシャトルを引きつける

ラケット面をかぶせるイメージ
で打ち返す

CHECK!

ラケット面を
かぶせるイメージ

　低く鋭い軌道で返すドライ
ブレシーブ。ラケット面を正面
に向けて、ロングレシーブより
体に近い位置までシャトルを
引きつける。ここから「低く
打ち返すためのラケット面」を
つくり、コンパクトに振ります。

　ロングレシーブのように腕
が伸びきった位置でとらえる
と、面が上を向きやすくネッ
トから浮いてしまうことに。シ
ャトルを抑えるように、ラケッ
ト面をかぶせるイメージです。

POINT シングルスは「長さ」を使い分ける

　一人でコートを守るシングルスのレシー
ブは、長さを使い分けることが大事です。

　クロススマッシュに対しては、「ネット前
に短く」が基本。球足が長いと、後ろで打っ
ていた相手が間に合ってしまうからです。
ネット上に山をつくるように、ふわりとした
軌道で返せば、相手はロブを上げることに
なり、チャンスです。

　ストレートスマッシュに対しては、「低く
沈める」を重視。ネット上に山をつくるレ
シーブだと、浮いたとき、真っすぐ走り込ん
でプッシュされてしまいます。速く沈めて
相手に上から打たせない。下からとらせて、
次の球から勝負です。

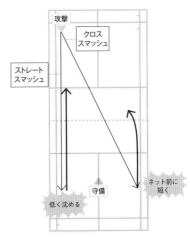

攻撃

クロス
スマッシュ

ストレート
スマッシュ

守備

低く沈める

ネット前に
短く

スタンスを確認（ダブルスの構え方）

ダブルスでレシーブするときのスタンスを覚えよう！

両足並行のスタンス

フォア側の対応　　バック側の対応

☑ CHECK! 左右に動きやすい

両足を並行にしたスタンスは、横の動きに強く、広い範囲に対応できます。前後に動きにくいデメリットはありますが、ダブルスでは主流。シングルスでも使われます。とくに両サイドを警戒するとき、攻め込まれて返すのが精いっぱいといった場面は、このスタンスをとります。

右サイドでのレシーブ

△

右足が前だと
スイングがしにくい

スタンスの基本は並行とはいえ、どちらの足を前に出すのかは、自分の立ち位置やプレースタイル、相手のコースのクセなどから決めていく

☑ CHECK! 立ち位置でスタンスを決める

ダブルスのスタンスは基本的に並行です。ただ、相手のクセが読めていたり自分たちのねらいがあったりすれば、変えてもOK。「左足前」はバック側よりフォア側を重視したスタンス。「右足前」はバック側を重視したスタンスです。自分の立ち位置から決めましょう。

立ち位置によるスタンス

攻　　　　　攻

左サイド＝右足前のスタンス　　　右サイド＝左足前のスタンス

右足が前　　左足が前

【左サイド＝右足前のスタンス】
左サイドで守るときは、両足並行、または右足前のスタンスで構えることが多い。フォア側の対応に注意
【右サイド＝左足前のスタンス】
右サイドで守ってストレートを待つ状況では、フォア側に強い左足前のスタンスで構える

構え方のポイント

立ち位置によってスタンスを変える意味を考えよう！

スイングしやすい　　　　　懐が深くとれるので

☑ CHECK!

左足を前に出す

　フォア側の懐が深くとれて、スイングしやすい左足前のスタンス。右サイドでストレートを待つときは、左足前がいいでしょう。前にも素早く一歩でいけるので、ドロップを警戒するときも左足前。短距離走のクラウチングスタートの体勢に似ていて、前へ移動するのに最適です。後ろにも下がりやすい応用の効くスタンスで、割合は前が6、後ろが4のイメージです。

振り抜きやすい　　　　　バックハンドの球に対して

☑ CHECK!

右足を前に出す

　右足前のスタンスで構えるのは、バック側にくる可能性が高いとき。左サイドにいて、ストレートに打たれると予測したら、右足前で勝負です。クリアーやドロップが多い女子ダブルスでは主流のスタンスで、前後への動きやすさは、前が4、後ろが6というイメージ。フォア側に打たれてラケットがスムーズに出ないときは、素早くフォアハンドに握り替えます。

基礎打ちでのねらい

レシーブを基礎打ちで打つねらいを確認しよう！

POINT 速いリズムを意識して

　レシーブは時間がない状況を設定して、バックで対応できる範囲を広げたほうがいいと思います。シャトルの軌道とコースはラケット面で決まるので、打ちたい方向にしっかり面をつくってコンパクトに振りましょう。実際に打つときは、「1＝構える→2＝準備する（テークバック）→3＝振る」という「1、2、3」ではなく、「2、3、2、3」とい

う速いリズムで打つこと。それが上達への近道です。
　二人で行う基礎打ちでは、強いレシーブでプッシュ側を下がらせて、フッと前に返してプッシュ側に下でとらせる。前後左右をねらったり、相手の立つ位置を下げたり、下からとらせたり。プッシュ側もレシーブ側も、お互いが前に出る機会をねらいます。

POINT シングルスは両足並行が基本

　シングルスの守備は、基本的に両足を並行にしたスタンスで構えます（46ページ）。右にも左にもスムーズに動けて広範囲に対応できるので、一人でコートを守るのに最適です。
　ただし、両足を並行にすると横の動きに強さを発揮する一方で、前後の動きに少し弱いというデメリットがあります。それでも、シングルスの守備に

おいて、足を前後にして構える選手は、まずいません。まずはコート全体をしっかりカバーして、確実に返すことが大事だからです。
　並行にした両足を肩幅より少し広めに開き、前後左右に動けるように構える。そのうえで、「ネット前に短く返す」「低く沈める」など、状況に応じたレシーブを選択してください。

実戦につながる練習

試合に直結する練習に取り組もう!

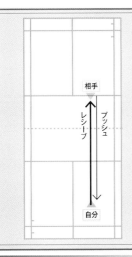

練習法!!

PRACTICE
1対1のプッシュ & レシーブ

レシーブの練習方法として最初に思いつくのは「壁打ち」。たくさんシャトルを打てる、パワーがつく、場所をとらない、一人でできる。さらに、速く振って戻す、速く振って戻す…、という感覚を養えて、コントロールもつく。最高の練習方法です。

二人ならプッシュ&レシーブ。スマッシュを受けるよりも多く打てて効率的です。パワーが足りないと感じる人は、強く押し返すことを意識しましょう。

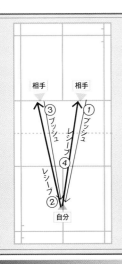

練習法!!

PRACTICE
2対1のプッシュ & レシーブ

壁打ちや1対1のプッシュ&レシーブができたら、2対1のプッシュ&レシーブをやりましょう。

ネット前の二人がプッシュ。レシーバーは、1球目＝右サイド→2球目＝左サイド→3球目＝右サイド…と左右交互に返す。試合で同じところにばかり返してしまう人、シャトルをさばくのが苦手な人に最適のメニューです。苦手な打点があれば、手投げノックでしっかり面をつくるところからやりましょう。

クリアーとは❓

バドミントンの基本ショット

　クリアーは、バドミントンを始めて最初に練習するショットです。小学生でも社会人になってから始めた方でも、まずは遠くに飛ばすことをめざします。

　シングルスの試合で多用されますが、20年ほど前に比べると使われる量は減っています。「上げたらスマッシュを打たれる」という男子ダブルス的な考え方や、風の強い体育館でバックアウトになるケースが増えたからです。とはいえ、基本となる大事なショットであることは変わりません。

クリアーがうまい選手は

戦術の幅が広がる

「クリアーが得意＝コート奥までシャトルを飛ばせる」。遠くに飛ばして相手を下げる、押し込むことができると、ラリーの幅が広がります。

　たとえば、ネット前が苦手な選手に対しては、クリアーで押して最後にネット前へ誘うという戦術が使える。相手のスタミナを削るねらいから、クリアーを使って長いラリーに持ち込む戦い方もあります。使われる量は減っていますが、クリアーがあって成り立つ戦術が多いのも事実です。

クリアーが苦手な選手は

攻め込まれる時間が多い

「クリアーが苦手」という人は、シャトルが飛ばないことが多い。後ろに追い込まれて押し返せず、相手に前に詰められてしまうのです。コートの真ん中までしかシャトルを飛ばせないと、浅い位置から攻め込まれることになる。守備に費やす時間が増えて、なかなか自分のリズムをつくれない。初級者によく見られるパターンです。

　とくにバック奥に追い込まれると、通常より前で待たれて、ラリーを有利に展開されてしまいます。

フォームを確認

クリアーの正しいフォームを覚えよう!

基本フォーム

手を引き込む

思いきり乗る

☑ CHECK!

利き足に
体重を乗せる

　クリアーを飛ばすには、打つ前に、利き足にしっかり体重を乗せることが大事です。拇指球（足裏で親指の付け根にあるふくらみ）のあたりに、思いきり乗ってください。ここでしっかりためたパワーを、シャトルに伝えて飛ばします。

ラケットを振る

☑ CHECK!

利き手とは逆の手を
引き込む

　利き手と逆の手を上げて、リズムをとることも大事。シャトルが落ちてきたら、上げた手を体のほうに引き込みます。「利き足に思いきり体重を乗せる→利き手と逆の手を引き込みながら→ラケットを振ってシャトルをとらえる」という流れです。

クロスへの打ち方（フォア側から）

フォア側からのクロスクリアーのフォームを覚えよう！

フォア側からのクロスクリアー

体をひねる（横回転）

ストレートより少し前でとらえて

しっかり乗る

☑ CHECK!

体を回転させながら打つ

　クロスクリアーを打つとき、まず大事にしたいのは高さです。シャトルの軌道が低いと飛距離が出ないので、高さを出すことを心がけましょう。打点はストレートよりほんの少し前。スイング軌道は真上からキレイに振るより、ちょっと横なぐりのようなイメージです。

　利き足にしっかり乗ったら、「横の回転（体のひねり）を使って、速く高い球を打つ」という感覚で打ってみましょう。

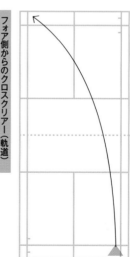

フォア側からのクロスクリアー（軌道）

クロスへの打ち方（ラウンド側から）

ラウンド側からのクロスクリアーのフォームを覚えよう！

左へのひねり（回転）を止めながら

しっかり乗る

ヒジを支点にして

腕をひねりながら押し出す

CHECK!

体の回転を抑えて打つ

　ラウンドからのクロスクリアーは、スイングする体が左回転しながら、シャトルを逆方向（右側）に打つことになります。

　ポイントは体が左回転しすぎないように抑えながら、ヒジから先、手首とラケットまでのひねりを使って打つこと。もちろん体の使い方も大事ですが、飛距離が出ないと悩む人は、「ヒジを支点に、右斜め前に腕をひねるようにスイング」を試してみてください。

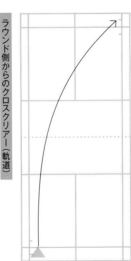

ラウンド側からのクロスクリアー（軌道）

53

打点と腕のしなりを確認

遠くに飛ばすためのポイントを覚えよう！

クリアーの打点を確認

ハイクリアーの打点

ほぼ頭の上

ドリブンクリアーの打点

ハイクリアーより前

✓ CHECK! より高い打点で

スマッシュより頭の真上に近い打点ですが、後ろになりすぎないように注意。高さは打点で決まるので、より高く打ちたければより高いところでとらえましょう。ラケット面が上を向けば高く上がります。

✓ CHECK! 面を前に向ける

高く遠くに飛ばすハイクリアーに対して、低い軌道を描いて飛ばすドリブンクリアーがあります。打点はハイクリアーより少し前。ラケット面は上ではなく、より前を向いています。しっかり打ち分けましょう。

腕のしなりを確認

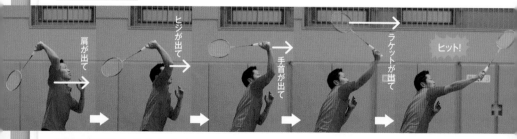

肩が出て　ヒジが出て　手首が出て　ラケットが出て　ヒット！

✓ CHECK! 上半身を連動させて打つ

クリアーを飛ばすにはスイングスピードが必要です。ポイントは、ラケットを効率よく振って「しなり」を使うこと。写真では伝わりにくいのですが、スーパースロー映像などで見ると、トップ選手のスイングはラケットがしなっています。

上半身の連動は「肩→ヒジ→手首→ラケット」という流れ。先端にあるラケットヘッドが最後にバッと出てくる感覚を、身につけてください。

体の使い方とクロスからの戦術

ラウンド側に追い込まれたときの対応を考えよう！

体を半身にして
壁をつくる

両足のカカトと
サイドラインが平行

両足が横に開く

☑ CHECK!

利き手と逆の手で壁をつくる

　ラウンドからのクリアーは、体がコートの外側に流れてしまいがち。そうならないためには、利き手と逆の手を高く上げて動きます。手を上げると体が半身となり、スイング時に背中側への体重移動を防ぐ「壁」が生まれます。また、打つ前の両足が横に開くと、力がシャトルにうまく伝わりません。両足のカカトをサイドラインと平行にして打ちましょう。ラウンドが苦手な人は、上・下半身の二つのポイントを意識してください。

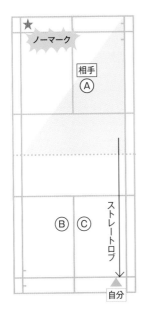

★
ノーマーク

相手
Ⓐ

Ⓑ Ⓒ

ストレートロブ

ストレートロブ

自分

ＰＯＩＮＴ

クロスクリアーの戦術

　シングルスでフォア奥に追い込まれたとき、クロスクリアーを打てると、チャンスが生まれる可能性が出てきます。

　図のように、ストレートロブでフォア奥に追い込んだ相手は、次を前に落とされると予測して、Ⓐにポジションをとります。待つのは、バック奥（ストレートクリアー）、バック前（ストレートカット）、フォア前（クロスカット）の3点。ここで、相手の意表を突くクロスクリアー（★）を打つのです。

　ただし、クロスに打ったあとに戻るべきポジションはⒷ。ストレートに打ったあとのⒸと比べて距離があり、体力を使います。多用はおすすめしませんが、相手の意識を外すショットとして、覚えておくといいと思います。

基礎打ちでのねらい

クリアーを基礎打ちで打つねらいを確認しよう!

POINT 打ったあとはポジションに戻る

クリアーで大切なのは、高さとコースの打ち分け。基礎打ちでは、半面でストレートクリアーを打ち始めると思うので、まずは、ハイクリアーとドリブンクリアーを打ち分けましょう。コースは大きく分けて、ストレートとクロス。全面ではフォア奥からストレートとクロス、バック奥からストレートとクロスを打ち分け。常に試合を意識して、ホームポジションからフットワークを使って動く→打つ→ホームポジションに戻る。1球ごとに一連の動作を入れるのが、意味のある練習です。

なお、トップ選手が半面練習で打つクリアーは、距離感をつかむことがメインです。今日の会場、今日のシャトルはどれくらい飛ぶのか。クリアーを目安にゲームプランを考えます。

POINT ドリブンクリアーの使い方

ハイクリアーより軌道が低いドリブンクリアーは、風の影響を受けづらく、風のある体育館では有効。試合で使えるように、しっかり練習しておきましょう。ポイントは、ハイクリアーよりも、速いテンポで打つこと。ハイクリアーが「1、2、3」だとしたら、ドリブンクリアーは「1、2!」で打つ。テークバックはコンパクトに、素早く振り抜きます。

戦術としては、相手を速い球で後ろに追い込みたいときに使います。右対右であれば、ストレートに打つのがセオリー。フォアから速いタイミングで打って、相手に後ろを向かせてハイバックにさせる。ラウンドで対応できたとしても、強いスマッシュを打てない体勢に追い込めればOKです。

実戦につながる練習

試合に直結する練習に取り組もう！

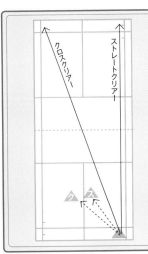

クロスクリアー

ストレートクリアー

練習法!!

PRACTICE
コースを打ち分ける

日本代表のクリアー練習は、基本的に全面です。とくにクロスクリアーの距離感は難しく、実際の試合ではクロスに打ってつかまるパターンが本当に多い。ストレートクリアーはストレート寄りに戻ればいいですが、クロスクリアーは戻る位置がクロス寄りで少し遠くなる。戻りきれず、やられてしまうのです。

そういった状況を想定して、1対1、1対2で、クロスクリアーを徹底的に練習します。

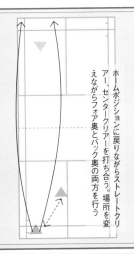

ホームポジションに戻りながらストレートクリアー、センタークリアーを打ち合う。場所を変えながらフォア奥とバック奥の両方を行う

練習法!!

PRACTICE
戻るポジションを考える

日本代表と違って、全面で基礎打ちができる人はほとんどいないはず。半面で打ち合って、数歩前に出るのが精いっぱいだと思います。そこにアレンジを加えて、センターラインの真ん中、試合でのホームポジションまで戻りましょう。シングルス選手は毎日の基礎打ちで、そこまでやるべきです。試合では最初の一歩目が大事。素早い足さばきでの動き出しを意識して1球1球、打ってください。

スマッシュ とは ❓

ポイントにつながるエースショット！

スマッシュはバドミントンの華！ 誰もが決めたいと思うショットです。スマッシュの質が高ければ、対戦相手は脅威に感じるはず。ラリーのなかで結論となるショットなので、とくにシングルスの場合、エースがとれるスマッシュを打てるかどうかが、勝敗に大きく影響します。

なお、私が考えるスマッシュの質は、速さ、コース、角度の3点セット。「試合で使う」という要素を加えると、相手に読まれないフォームも大事です。

スマッシュが得意な選手は

威力も精度も安定している

スマッシュには、いくつかのタイプがあると感じます。たとえば、ドカンと打つけれど連打は苦手な「大砲タイプ」。それほど速くないけれど、コースをねらって連打する「マシンガンタイプ」。その両方を兼ね備えた選手もいます。うまく打てる人に共通するのは、打点がブレず、常に自分のポイントで打てることです。

日本代表の桃田賢斗選手は、自分が一番キレイに打てるポイントに体を入れて打つので、威力もコントロールも抜群です。

スマッシュが苦手な選手は

リズムや打点が不安定

スマッシュが苦手な人は、リズムが乱れていたり、打点がバラバラだったり…。上半身と下半身が連動しておらず、シャトルに力が伝わっていないことが多いです。

体が大きいのにスマッシュが速くないという人は、自分の筋力がスイングスピードにつながっていないのだと思います。角度がつかない人は手首が使えていない、ネットにかけてしまう人は手首を使いすぎ、といった傾向もあります。まずはフォームを見直しましょう。

フォームを確認

スマッシュの基本のフォームを覚えよう！

基本フォーム〈前から〉

| シャトルの下に入り、後ろ足に体重を乗せて半身になる | 胸を張って大きくテークバックをとる | 半身の状態から体を横に回転 | 腕の回転を使ってヒット | ラケットをしっかり振り抜く |

基本フォーム〈後ろから〉

☑ CHECK! 利き足にタメをつくる

　威力のあるスマッシュを打つために、まずはフォームを見直しましょう。最初のポイントは、打つ前に利き足にしっかり乗ること。自分の全体重をかけるぐらい思いきり乗せてください。「シャトルの下に入る→利き足に思いきり体重を乗せて半身になる→体を反転させる→左足の着地とほぼ同時に打つ！」という流れです。

上半身の動きと打点

スマッシュを打つときの上半身の使い方と打点を確認しよう！

上半身の動き〈横から〉

CHECK! ラケットヘッドを回転させる

　スイングのポイントとしてあげたいのがテークバック。強いショットを打つには、長い「助走」が必要です。胸を張って大きくラケットを引いたところから、体の反転とラケットの回転（切り返し）を使って打つ。回転したラケットヘッドは、体から遠い位置から出てくる。その遠心力を使うイメージです。

POINT

スマッシュの打点

　スマッシュの打点は、利き腕の肩の延長線上、肩より少し前が基本。ほぼ頭上でとらえるクリアーよりも前です。練習を重ねながら自分にとって一番いい打点をつかんで、思いきってラケットを振り抜きましょう。

腕と手首の使い方

腕と手首の使い方を覚えて連動させよう！

腕の使い方〈横から〉

体から遠い位置でラケットを切り返す

ヒジを前に出しながらスイング

ヒット！

☑CHECK! しなやかなスイングを心がける

　ヒジについては、あまり意識しすぎるとフォームが崩れてしまいます。ラケットヘッドが回転して「切り返し」がうまくできれば、一連のスイングのなかで自然とヒジから出ていくもの。体から遠い位置で切り返したラケットを、しならせるように振り抜きましょう。

ＰＯＩＮＴ

手首を真下に曲げない

　手首は意識しすぎないようにします。ラケットの握り方とスイングが合っていれば、自然と「使われる」ものだからです。無理に使おうとして、背屈（手首を真っすぐ反らす）、屈曲（真下に曲げる）するのはNG。上の連続写真のように腕が使えれば、「手首が使われる」スイングができるはずです。

手首の使い方

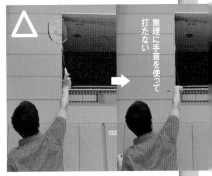

無理に手首を使って打たない

クロススマッシュの打ち方（ラウンド側）

クロススマッシュの打ち方と指の使い方を覚えよう！

ラウンド側からのクロススマッシュ〈後ろから〉

半身になる／シャトルの下に入り／体を反転させる／スイング／打ちたい方向に体とラケットを向ける

☑ CHECK! ねらうコースをイメージする

クロススマッシュは距離が長い分、難しいショット。目標地点に向けて長さとコースを調整します。

ラウンドからのクロススマッシュは、ストレートと同じフォームで打つのが理想。相手に読まれないように、シャトルへの入り方も、打つ直前までのフォームも同じです。最後に手首をストレート以上に大きく回内させ、ヒットの瞬間、人さし指で右側に強く押し出して、クロスに方向を変えます。

人さし指で／右方向に強く押し出す

ℙ⊙ℹℕ𝕋

人さし指を使って打つ

ラウンドからのクロススマッシュのポイントは、ラケットを握る人さし指の使い方。打つ瞬間、クロス方向（右利きは右側）に強く押し出します。

ストレートも最後の押し出しは必要ですが、クロスに打つときは、「人さし指でクロス方向に強めに」です。

クロススマッシュの打ち方（フォア側）

フォア奥からのスマッシュのフォームと使い方を覚えよう！

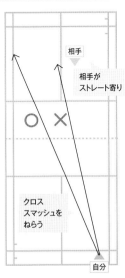

相手

相手が
ストレート寄り

○　×

クロス
スマッシュを
ねらう

自分

☑ CHECK! ストレートと同じフォームで打つ

　フォア奥からのクロススマッシュも、ストレートと同じフォームで打つのが理想。実際には打ち方を変えなければならないのですが、「変えすぎない」をめざします。

　うまく打つためのポイントは、打点をほんの少し、気持ち前で、気持ち左寄りにすること。打点は後ろに下がれば下がるほど、外に逃げれば逃げるほど、強いショットが打てません。逆サイドのラインをねらって、フルスイングで打ち込みましょう。

P O I N T クロススマッシュの使い方

　相手がセンター付近で構えているときにクロススマッシュを打っても、大きな効果はありません。相手が（自分から見て）ストレート寄りの場合に、ねらっていきます。また、クロススマッシュは距離が長いので、センター寄りに打ってしまうとネット前に落とされる可能性があります。スマッシュ後の対応も考えて打ちましょう。

ジャンプスマッシュの打ち方

ジャンプスマッシュの打ち方を覚えよう！

ジャンプスマッシュ〈横から〉

シャトルを見ながら
下がる

落下地点の
少し後ろで止まる

軽くしゃがみ込み
タメをつくる

前に向かってジャンプ

腹筋と背筋を
意識

ＰＯＩＮＴ 落下地点より少し後ろで準備

　高く跳び上がり、空中でシャトルをとらえて打つジャンプスマッシュ。ジャンプする分、通常のスマッシュより、角度もスピードも増すことができます。

　ポイントはシャトルの落下地点より少し（50センチぐらい）後ろに下がり、前に出ながらジャンプすることです。真上に跳ぶより体重が乗り、スピードと角度がつきます。より高くジャンプするために、両腕をしっかり使うことも意識してください。

高い打点でとらえる
ように振り出す

ヒット!

ラケットを振りきる

着地後は
前に出る意識で

P O I N T 腹筋を使って力を放出する

空中では体を反転させることがなかなか難しいもの。代わりに上体を反らすことでパワーをため込み、腹筋を使って力を放出するイメージで打ちます。

打ち終わったあと、空中で体が「く」の字になるようにして、シャトルに力を伝えましょう。また、ヒットさせるとき、利き足を大きく上げると、パワーがより加わります。フルスイングで打ち込んだら着地。すぐ前に出る姿勢をとりましょう。

基礎打ちでのねらい

スマッシュを基礎打ちで打つねらいを確認しよう！

POINT 打つ前の準備動作が大事

スマッシュはシャトルの落下地点に素早く移動して、利き手と逆の手を上げて待ち構えます。そして、利き足にしっかり体重を乗せて打つ。体全体を使って体重を十分に乗せて、1球ごとにリズムをとってスマッシュ。基礎打ちでは、その感覚を大事に取り組んでください。男子選手であれば、1球ごとに両足ジャンプを入れて高い打点から打つこと。最初はコースを意識して、後半は全力でコースに打ち分けます。

シングルス選手はライン際へのコントロールを重視。ダブルス選手は高低差を変えて打ってください。さらに、前方へ移動しながらスマッシュ→ドライブ→プッシュ…、というようにアレンジを加えていく。試合で想定される状況を考えて打つことが大事です。

POINT スマッシュに高低差をつける

スマッシュで意識したいのが「高さ」です。角度をつけることばかり考えてしまいがちですが、高めのスマッシュは返しにくいもの。わざと高めをねらって、次に低めに打つ。あるいは、肩口をねらって体勢を崩し、あいたスペースをねらうのも有効です。ボディをねらってみたり、スピードに変化をつけてみたりするのもいいでしょう。

普段の基礎打ちで、単純に同じスピード、同じコース、同じ高さで打ち続けるだけでは、試合で使えるスマッシュになりません。相手の立ち位置や構えを見て、駆け引きしながら取り組むこと。実際の試合で相手の利き腕の肩口やボディを的確にねらうには、高低差を打ち分ける練習が必要です。基礎打ちから意識して取り組みましょう。

実戦につながる練習

試合に直結する練習に取り組もう!

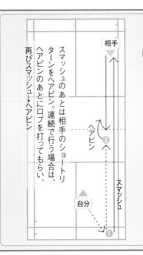

PRACTICE
シングルス向け練習

基礎打ちのスマッシュ交互から、常に試合を意識しましょう。❶ホームポジションから下がってスマッシュ❷すぐ前に移動してヘアピン。スマッシュ一発ではなく、その次のヘアピンまでつなげます。

スマッシュ後に体勢が崩れて、ヘアピンの打点が下がらないように。攻撃を継続するために、できるだけ上でシャトルをとらえること。応用として、ヘアピンを攻撃的なロブにするのも実戦的な練習です。

スマッシュのあとは相手のショートリターンをヘアピン。連続で行う場合は、ヘアピンのあとにロブを打ってもらい、再びスマッシュ→ヘアピン

PRACTICE
ダブルス向け練習

ダブルスでは連続してスマッシュを打ち、前に詰めて決めるのが理想の一つ。基礎打ちの最後のメニューとして、❶コートの一番後ろからスマッシュ❷少し前からスマッシュ❸ドライブを打ち合う❹プッシュで決める。スマッシュだけでなく、ドライブ、プッシュを入れます。相手は大きいレシーブから小さいレシーブになり、最後はプッシュレシーブ。

実戦に近い形で基礎打ちを終えることができます。

連続スマッシュから前に詰めてドライブ→プッシュを打つ。ドライブからプッシュに向かうときは、相手と打ち合うなかで駆け引き。相手の返球が浮いてチャンスであればプッシュを打ちにいく

▶ ヘアピン —— Hairpin

▶▶ ヘアピンの特徴を覚えよう！

ヘアピンとは❓

繊細で奥深いショット

つなぎ球にも決め球にもなるヘアピン。苦しい場面から攻撃に転じる起点となり、ネットに絡めばラリーを終わらせる一打となる。さまざまな場面で使える奥深いショットです。

そして、とても繊細です。全力でダッシュして最後の一歩を踏み込むと同時に、積み木をパッと乗せるようなもの。勢いのまま置くと崩れてしまいます。サービスも繊細ですが、激しい動きのなかで打つヘアピンのほうが、より難易度が高いといえます。

ヘアピンがうまい選手は

体勢が崩れてもコントロールできる

ヘアピンは、足をしっかり踏み込んでシャトルに勢いを伝えながら、手先の感覚でコントロールするのが基本です。

試合中、ヘアピンでミスする場面を考えてみてください。多くは体勢を崩されたときだと思います。ヘアピンがうまい選手をよく見ると、体勢（フットワーク）が崩れてしまうことはあっても、手先の感覚で最終的に調整して、ネットぎりぎりをねらうことができています。手先の感覚が優れているからこそのプレーです。

ヘアピンが苦手な選手は

ラケット面が安定しない

ヘアピンが苦手な人の打ち方を見ると、ラケット面とシャトルの接地時間が短いと感じます。個人的な表現ですが、飛んでくるシャトルをお皿で受け止めるような感覚が大切です。この感覚がなく「シャトルを打ち返そう」という意思が強すぎると、ラケット面がブレてしまう。結果として、シャトルをうまくコントロールできないのです。シャトルとストリングがふれ合う時間を大事にできない選手は、なかなか上達しません。

フォームを確認（フォアハンド）

フォアハンドでのヘアピンの基本をチェックしよう！

フォアハンドのヘアピン

目線はシャトル

打点とヒザとつま先の向きは一直線に

カカトから着地して

ヒジを突っ張る

☑ CHECK! 左手でバランスをとる

　ヘアピンは、腕を軽く伸ばして、シャトルを肩のライン（延長線上）でとらえるのが基本です。シャトルが下にあれば、上体を落として「肩のライン」でとらえましょう。ラケットを下げるのではありません。

　足運びはカカトから入って、着地と同時に打つ。打点、ヒザ、つま先の向きは一直線です。ラケットを持たない手は後ろに引いて、やじろべえのようにバランスをとること。目線はしっかりシャトルをとらえます。

ヒジが肩の高さより低い

P O I N T ヒジの高さに注意！

　ヒジを突っ張ると、打つときに余裕がなくなります。微調整できるように少しゆるみを持たせます。

　また、低いシャトルに対して目線を落として、肩より低い位置で打つのはミスにもつながるので注意しましょう。

フォームを確認（バックハンド）

バックハンドでのヘアピンの基本をチェックしよう！

バックハンドのヘアピン

目線はシャトル

打点と
ヒザとつま先は
一直線に

カカトから
着地して

☑ CHECK! ネットとの距離で握り方を変える

　フォアとバックの基本フォームに違いはありません。カカトから着地して、打点、ヒザ、つま先は一直線。ラケットを持たない手を後ろに引いてバランスをとり、「肩のライン」でとらえます。

　ただし、私はバックでは、シャトルをとらえる位置によって握り方を変えていました。ネットから少し遠いときはイースタングリップ。近いときはウエスタングリップ。中級者以上は、羽根を切りやすい角度を考えて握り方を変えることも必要です。

Ｐ Ｏ Ｉ Ｎ Ｔ 変化をつける意識

　シャトルをとらえる前からラケット面を準備することで、より打ちやすくなります。また、相手もヘアピンと思って前に出てくるので、打つ直前にロブに変化させればフェイントにもなります。初級者は正確に入れることが大切ですが、中・上級者であればヘアピンのフォーム・動作から変化させることも心がけましょう。

握り方を確認

バックハンドでヘアピンを打つときの握り方を確認！

ショートサービスライン付近で打つ場合

イースタングリップで握る（親指は立てる）

☑ CHECK!

面の角度を調整する

70ページでふれたように、私はバックハンドのヘアピンではグリップを変えていました。ネットから少し遠く、ショートサービスライン付近から打つ場合は、イースタングリップ。ラケット面が自然に斜めになって、羽根を切りやすいからです。

ネットから近い位置　ネット付近に踏み込んで打つ場合

ウエスタングリップで握る

☑ CHECK!　面を固定させる

バックハンドでネットに近い位置からヘアピンを打つときは、ウエスタングリップに変えていました。面が傾いてコントロールしづらいイースタングリップに対して、ラケット面が上向きになり白帯に絡みやすいからです。うまく打てない人は試してみてください。

ヘアピン —— Hairpin

面の当て方とスピンヘアピン

ヘアピンを打つときのさまざまなラケットワークを覚えよう!

ストレートにきたヘアピンに対して

体の外側から

内側にラケットを入れる

クロスからきたヘアピンに対して

外側にシャトルを切るイメージで

体の内側から

☑ CHECK!

面の角度や向きを調整する

ヘアピンは、シャトルが入ってくる角度と軌道に対する、面の使い方が大事です。「この角度で入ってきたら、こう切って入れる」という最適な当て方を覚えましょう。

右図で説明すると、①フォア前にストレートに入ってきたシャトルは、体の外から内に切って入れる。②フォア前にクロスからきたら、内から外に切って入れる。③センターに対しては、ウエスタングリップに握り変えて、バックハンドで内から外に切って入れる。 共通するのは「速い球に対しては速く切る」ことです。

また、「肩のライン」で腕を伸ばしたとき、どのくらいの間隔で当てればキレイに入るのか。シャトルとの距離感を身につけながら、打つクセをつけてください。

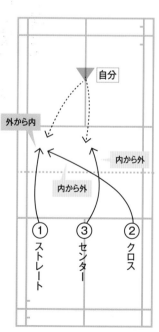

自分

外から内

内から外

内から外

① ストレート

③ センター

② クロス

のラケットワーク

センターにきたヘアピンに対して

外側にシャトルを切るイメージで

体の内側から

バックハンドで入り

Level up!! スピンヘアピンを打とう

ラケットは体の外側から内側に

羽根の部分を切る

スピンをかける

　シャトルに回転をかけるスピンヘアピンは、有効なショットです。

　シャトルの羽根の部分を切るのが特徴で、コルクをとらえて打つヘアピンとは音が違います。シャトルが空中で横を向いたとき、羽根の部分をとらえて切り

ます。切る方向は、体に対して内側と外側の2パターン（写真は外側→内側に）。ある程度のスピードがあってクロスから飛んでくるショットは、比較的スピンがかけやすいです。カット交互やクロスヘアピンの練習で、トライしてみましょう。

クロスの使い方と打ち方（フォアハンド）

フォアハンドのクロスヘアピンのポイントを覚えよう！

ファアハンドからのクロス

相手

① 相手を苦しい体勢に追い込んで…

スマッシュ

自分

② 甘い返球をクロスヘアピン

×

使い方

① 相手のバックサイドにクリアーやロブ、スマッシュを打ち込んで、②相手の体勢が崩れたときはクロスヘアピンが有効。ただし、相手が間に合って追いつかれると図内の×に打たれてしまう。しっかり追い込んで決定打に近い形で使うことが理想

☑ CHECK!

面の角度を変える

クロスヘアピンは手首を使って、ラケット面の角度を打ちたい方向へ向けます。難しいと思われがちですが、角度さえ決まってしまえば、あとはシャトルを運ぶだけ。ラケットを大きくスイングする必要はありません。とらえるのはシャトルの側面、羽根の部分です。

P O I N T 手首を使って鋭角にする

クロスヘアピンを打つときは、ラケットを立てて面を打ちたい方向に向けることが第一歩です。上の写真のように手首を使うことで、より鋭角な軌道となります。また、一般的にはコルクを打ちますが、羽根の部分を打つとシャトルの速度が増します。

クロスの使い方と打ち方（バックハンド）

バックハンドのクロスヘアピンのポイントを覚えよう！

バックハンドからのクロス

使い方

① 相手のバック奥からのクロスカットを、② クロスヘアピンで返すのも有効。ラケットを出すと面は自然とクロスに向き、早く出せばより速い返球となる。相手を一直線ではなく、「く」の字に走らせると、ダメージを与えることにもつながる。

☑ CHECK!

ヒジを引いて打つ

　難しそうに見えるバックのクロスヘアピンも、フォアと同じく「ラケット面の角度を打ちたい方向に向けてシャトルを運ぶ」だけ。フォアと違うのは、ウエスタングリップに近い握りにすること。少しヒジを引くと自然に面が返って、より角度がつけやすいです。

P O I N T　ラケット面を急に変化させる

　バックハンドのクロスヘアピンを悟らせないためには、背中を相手に見せるくらいのフットワークでネット前に入ります。そこから、上写真のように手首を立てて鋭角に打つ。相手の頭のなかにはラケット面の急な変化が印象に残るので、次のプレーから簡単には前に踏み込めなくなります。

ヘアピンのねらい

ヘアピンを得点につなげるための使い方を覚えよう!

POINT センターにヘアピンを打つ意図

センターへのヘアピンは、シングルスでよく使う戦術の一つです。

相手がフォア前にいるとき(図1)。打たれる角度は理論上、自分のフォア前(Ⓐ)とバック奥(Ⓑ)の間(斜線部分)という広範囲です。そのなかでもネット前とストレートは、とくに速い球を予想して警戒する必要があります。

それに対して、相手がセンターにいる場合(図2)。打たれる角度(斜線部分)が、図1より狭くなっていることがわかると思います。つまり、ライン際をねらうより真ん中(センター)に打ったほうが、自分の運動量をセーブできて守りやすいといえるのです。また、ライン際をねらってアウトにしてしまうより、コートの真ん中に入れておいて、ラリーを続けようという意図もあります。

相手にとっても、体の正面にきたシャトルは打ちづらいもの。ライン際をねらうばかりではなく、センターを有効に使いましょう。

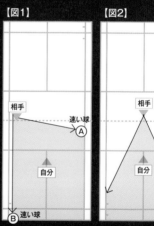

【図1】　【図2】

ライン際にいる相手からは、ほぼコート全面に打たれる可能性がある。とくにフォア前(Ⓐ)とバック奥(Ⓑ)は速い球を警戒する必要がある

センターにいる相手から打たれる角度は、図1に比べるとかなり狭いことがわかる。運動量をセーブできて守りやすいということだ

実戦につながる考え & 練習

試合に直結する考え方を知り練習に取り組もう!

CHECK シャトルとの距離感を意識する

ヘアピンは「打つ」ではなく、「運ぶ」という意識が大事です。「打つ」「弾く」だとシャトルが飛んでしまうので、勢いを吸収しながら「運ぶ」。それがミスを減らすコツです。スイングはなるべく小さく。やさしく丁寧に、ふんわりと運びます。しかし、実際の試合では激しく動いてシャトルに近づき、打つときは力まない。激しさと繊細さ、相反することが一連の動きにあるから難しいのです。自分の感覚とシャトルとの距離感が問われます。

また、ネット際ギリギリに落とす、短く速く落とす、長く落とすといった「距離」も使い分けましょう。長く落とすのはヘアピンがうまい選手への対応策。不利なネット勝負を避けるために、長いヘアピンも必要な技術です。

PRACTICE
動きを入れたヘアピン練習

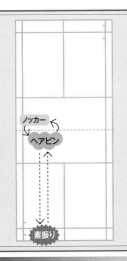

試合で使えるヘアピンを身につけるには、足を止めて打ち合っても意味がありません。日本代表で行っているのは「シャトル・フットワーク」というノック。コート後方で素振り→ネット前に走ってヘアピンの流れをくり返します(左図)。また、アレンジを加えたカット交互もおすすめです。カット→ヘアピン→ヘアピン→ヘアピン→ロブ。ヘアピンはネット際ギリギリか長めか、しっかり意識して打ち分けます。

サービス——Servise

▶▶ ラリーの1打目となるサービスのポイントを覚えよう！

サービス とは

サービスの質で展開が変わる

　サービスはバドミントンのなかで唯一止まった状態からシャトルを打ちます。その質によって、有利な展開に運ぶことができる、大事なラリーの1球目。自分でさわる3球目を有利に導くためのショットです。

　サービスのルールは昔に比べてゆるくなり、いわゆるアバブ・ザ・ハンドの反則が廃止。打点の高さは「シャトル全体がコート面から115センチ以下」と改定されています。これにより、シングルスでも相手に主導権を握らせないため、より攻撃的なサービスが増えています。

シングルスサービスの特徴

サービス後のカバーも考える

　シングルスは、サービスを打ったあとにコート全面を一人でカバーします。サービスのプレッシャーの大きさはダブルスより低いと思われがちですが、打ったあとが大変。サービスコースをしっかり決めて、次の対応を考える必要があります。

　また、「115センチルール」が採用され、シングルスでも攻撃的なサービスを打つ意識が高まっています。とくに勝負所の終盤では、速くて低いサービスを使ってミスを誘う戦術が使われています。

ダブルスサービスの特徴

心理的な重圧が大きい

　ダブルスはサービスレシーバーが近い位置で構えており、ロングサービスではコート後方の手前のラインを使用。心理的なプレッシャーはシングルスに比べて、かなり大きいです。

　サービス後は二人でカバーすることになりますが、サーバーが「相手が何をねらっているのか考えながら、自分のねらいどころを決めて打つ」というのはシングルスと同じ。ただし、ねらいどころは、シングルスより少し細かく分けておくのがセオリーです。

サービスのスタンス

バックハンドでサービスを打つときのスタンスを確認しよう！

足を前後に開いて構えたサービス

基本は利き足が前、逆足が後ろ

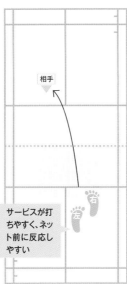

相手

サービスが打ちやすく、ネット前に反応しやすい

☑ **CHECK!**

スイングが安定

　ダブルスのサービスは、足をタテに開く構えが一般的です。右足を前、左足を後ろに開くと体の左側に懐が生まれるため、ラケットを後ろに引きやすくなり、安定したスイング軌道になります。

　また、サービス後は相手がネット前に返したときに反応しやすいですが、左右に落とされると少し対応が遅れてしまうというケースもあります。

両足を横に開いて構えたサービス

両足を肩幅くらいに開いて打つ

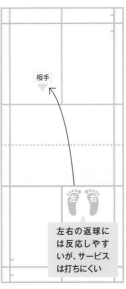

相手

左右の返球には反応しやすいが、サービスは打ちにくい

☑ **CHECK!**

左右に反応しやすい

　サービス時に両足を開いて構えるメリットは、相手レシーバーが左右に打ち分けてきたときに反応しやすいことです。3球目の対応を考えると、両足を開いたほうが動きやすいのですが、ネット前にヘアピンで落とされると反応が遅れる可能性があります。

　また、体の前に懐が生まれないので打ちにくいというデメリットもあります。

ショートサービスの打ち方（バックハンド）

ショートサービスの打ち方とねらいを覚えよう！

ショートサービスの打ち方

面を真っすぐ押し出す | ラケットを戻しながらシャトルを放す | ラケットを引く | 左手でシャトルをセットする

POINT

コルクをラケット面に対して垂直にする

　安定したショートサービスを打つためのポイントは、シャトルの持ち方です。

　シャトルのコルクがコートに対して垂直、または斜めの角度では入りにくくなります。コルクをラケット面に対して垂直に向けるイメージでシャトルを持ち、そこに向けてラケットを押し出すようにして当ててください。

シャトルはコルクをラケット面に対して垂直になるようにセットする

サービスを打つコース（ダブルス）

ダブルスのサービスのねらいどころを覚えよう！

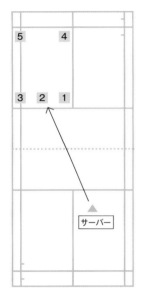

サーバー

☑ CHECK! コースの幅を広げる

　ダブルスのサービスコースは、ショートサービスがセンターライン寄り、真ん中、サイドライン寄りの3カ所（1 2 3）。ロングサービスがセンターライン寄り、サイドライン寄りの2カ所（4 5）、主に計5カ所です。サーバーの立ち位置はセンターライン寄り。前後については、サービスからどんなリターンを引き出すかによって変わります。ヘアピンのリターンが多い相手なら、やや前気味に。プッシュやハーフが多ければ、少し後ろ気味にポジションをとります。

P O I N T シャフトの角度は横か斜めに

　サービスの方向は、ラケット面の向きによって決まります。面を安定させるためには、最初にラケットをセットする角度が大切です。一般的には、シャフトの角度を横か斜めにセットします。このほうが打ちやすく、面の角度もそこまで大きく変わりません。シャフトをタテに構える人もいますが、これはかなり技術が必要な打ち方。サービスがあまり安定しないので、ビギナーや中級者は横、もしくは斜めからサービスしたほうがいいでしょう。

○ シャフトの向きが横　一般的なサービスの打ち方

△ シャフトの向きが斜め

× シャフトの向きがタテ

ロングサービスの打ち方（フォアハンド）

ロングサービスの打ち方とねらいを覚えよう！

ロングサービスの打ち方（フォアハンド）

右足に重心を乗せて構える　　右足から左足に体重移動　　シャトルを放す　　　　落下地点に向けてラケットを
　　　　　　　　　　　　　　　　　　　　　　　　　　　　　　　　　　　　　振り出す

CHECK!

**高い打点を
意識する**

ロングサービスをフォアで打つ場合、打点の高さは腰の位置を意識します。打点が低すぎると高いサービスが打てないので、低くなりすぎないように注意しましょう。シャトルを落とす位置は、半身になった体の斜め前です。前すぎると当てにくく、体に近すぎると打ちにくくなります。ラケットが振りやすい斜め前、もしくは横にシャトルを落とすようにしてください。

打点は腰の高さで、体の斜め前か横で当てるのが理想

打点がヒザ下だと、打ったあとに高い放物線を描けない

サービスを打つコース（シングルス）

サービスのねらいどころを覚えよう！

肩→ヒジの順番にラケットが出てくるようにスイング　　　　　大きくフォロースルーをとる

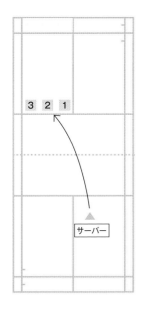

☑ CHECK!　シングルスでもショートを多用

　ショートサービスはダブルスと同じく3カ所（1 2 3）。後ろはダブルスのロングサービスラインからバックバウンダリーラインの間をねらいます。初・中級者はシンプルにコート奥の真ん中に向かって高く打ちましょう。ただし、ドリブン気味の攻撃的なロングサービスを打つ場合は、センターライン際をねらうほうが効果的です。

　女子シングルスはロングサービスというイメージが強いですが、最近ではロングとショートを使い分ける選手が増える傾向にあります。

P O I N T　サービスからの失点を防ぐ

　男子シングルスはショートサービスが主流です。理由の一つは、先に攻撃を仕掛けられないようにするため。ロングサービスだと守備からスタートしてしまうので、ショートが多用されています。

　また、風上サイドでプレーする場合もショートを使うことが多く、そこには風の影響を受けてバックアウトしないため、という考えがあります。

サービスまわりの戦術（シングルス）①

サービスからポイントを奪うための戦術を考えよう！

相手のサービスレシーブを限定させる（ショートサービス）

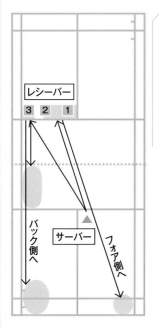

ＰＯＩＮＴ

レシーバーのリターンを導くコース。内側の 1 〜 2 に打ち、相手がフォアハンドなら自分のフォア側へ。サイドライン際の 3 に打てばバック側に返ってくる可能性が高い

ＰＯＩＮＴ

コースに加えて有効なのが、レシーバーがバックかフォアか、対応に迷う位置。フォアハンドでとらせれば、サーバーのバック側にはあまり返ってこない。フォア側へのリターンを待って準備する。

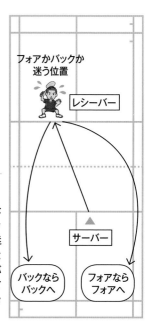

☑ CHECK!

フォア側に誘い込む

サーバーは、次に自分がさわる3球目を有利に持ち込むため、打つコースを考えましょう。「ここに打たせるぞ」という意図を持つことが必要です。

シングルスの場合、自分のフォア側に打たせるためには、左図 1 か 2 にサービスを打ちます。相手にフォアハンドで打たせると、自分のフォア側に返球される可能性が高まります。サイドライン寄りの 3 は、ストレート返球が多くなります。自分はバック側で球を待ちましょう。

☑ CHECK!

バック側から攻撃的に

右サイド（偶数）からのショートサービスに対し、相手レシーバーはバックハンドの対応が多くなります。

サーバーはレシーバーの 2 （バックとフォアの境目ギリギリ）をねらい、返球フォームを確認。相手がフォアハンドで対応するなら自分のフォア側への返球が多くなります。逆にバックハンドの対応ならバック側に返球されることが増えるので、サービス後にバック側の球を待って攻撃的な球で先手をつかみましょう。

サービスまわりの戦術（シングルス） 2

シングルスのサービスで使う駆け引きを考えよう！

POINT ロングサービスの使い方を考える

シングルスでは、相手の状況によってショートか、それともロングか考えることが必要です。

たとえば、試合終盤の"ここぞ"という場面では、ロングサービスを使ってみましょう。これはレシーバーのなかにある"サービスレシーブから攻めたい"という気持ちを逆手にとるねらいがあります。

とくに終盤はレシーブ側が攻め急いでしまう傾向があり、立ち位置や動きが前がかりになりやすい。相手の心理状況を読む選手は、サービス前から駆け引きをして、相手の逆をついて流れをつかみ、勝つケースがあります。

サーバーは、同じフォーム、同じ雰囲気で、ショートとロングを打ち分けられること。姿勢や目線などに違いが出ないように、意識して練習しておきましょう。

POINT 相手の傾向と打点、フォームから予測する

シングルスでは「3球目」をねらうため、相手によって、ショートサービスの質を変えます。 たとえば、スピンネットが得意なレシーバーには、少し長めで速いサービス。ネットから遠い位置でさわらせます。プッシュが多ければ、ショートサービスライン際に短めに出す。失速して手前に落ちてくるので、プッシュがしづらいからです。フォアのフェイントがうまい選手には、バック側をねらいます。

また、相手の打点にも注目です。ネットより下で打つのなら、その多くはヘアピンかロブ。打ち方を見て、振りが小さそうであればネット前に詰めてプッシュをねらいます。相手がラケットを立ててきたらプッシュなので、下がってレシーブ。レシーバーがネットの上から打つのか、下から打つのかを、瞬時に見極めることが大事です。

サービスまわりの考え方

サービスまわりで有利な展開につなげるポイントを覚えよう！

POINT 浮かないサービスを打つには

ダブルスのサービスを浮かせないためには、技術を高めることが必要です。そのため、反復練習が一番効果的。ただ、ゲーム練習では浮かないのに、大会本番で浮いてしまうという人は、メンタルが影響しているのかもしれません。

その場合は、サービスを打つリズムを大切にしましょう。「1、2、3」のリズムで打つのか、「1、2、3、4」で打つのか、ある程度自分なりのリズムを決めておくと、困ったときに使えると思います。

POINT 返球の質によってポジションを変える

レシーバーの自分がショートサービスを返したあとの戻り方を紹介します。

右サイド（偶数）から相手のバック奥にリターンした場合。サーバーをバック奥（①）に追い込めたら、3球目が返ってくる可能性が高いのはネット前とストレートコースです。レシーバーは、返球した位置で構え、相手のカット・ドロップ、ストレート系の

ショットを待ちます。

返球が甘い場合（②）は、自分のコートほぼ全域を守ることになります。バック奥に押し返される可能性もあるので、リターンした位置から少し下がって構えましょう。リターンのコースや位置や質によって、前に張っていいのか、それとも真ん中まで戻るのか、瞬時に判断することが大事です。

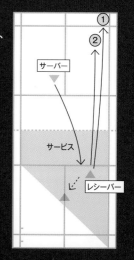

サービスレシーブの考え方

シングルスのサービスレシーブのねらいどころを考えよう！

サービス後のスタンスに注目する

ケース❶
サービス後に右足が斜め前

サーバーはフォア前とバック奥に素早く動くことができるので、その逆コースをねらいます。バック前は人によって得意な場合もありますが、フォア奥は全体的に遅れがち。レシーバーは相手のフォア奥をねらいましょう。

ケース❷
サービス後に左足が斜め前

サーバーはフォア奥とバック前に素早く反応できるので、なるべく避けたいコースです。逆に、サーバーの体勢として、フォア前とバック奥には動きにくいので、先手をとるにはバック奥をねらうのが効果的です。

ケース❸
サービス後に両足が並行

シングルスではあまり見られませんが、サーバーの両足が並行の場合、横には速く動きますが、ネット前とコート奥に対しては反応が遅くなります。レシーバーは相手が動きにくい前後を積極的にねらうといいでしょう。

☑ CHECK! サーバーの体勢から返球を考える

サービスリターンでどこをねらうか。サービスレシーブ側の考え方を紹介します。サーバーが1球目から3球目の展開を思い描くのに対し、レシーバーは2球目から4球目を考えてレシーブします。「4球目をどうとるか」という戦略で、サービスリターンをねらうわけです。

まず、サービス後の相手の状態はどうでしょう。ポジションはどこなのか、体勢は守備的なのか攻撃的なのか…。さまざまな要素から見極めるわけですが、シングルスにおいて大事な要素が、サービス後のスタンスです。サーバーのポジションやスタンスをきちんと見るのは難しいかもしれませんが、意識を高めて「感じる」ことから始めてみてください。

比較的わかりやすい三つの例から分析してみましょう（上図）。

選手を教える立場になり、10年以上がすぎました。指導者として喜びを感じるのは、選手の成長したシーンを見られたときです。現在は、ワールドツアーなど世界の最高峰の場所でやらせてもらっていますが、選手が高い目標を達成する瞬間に立ち会えるのは、とても幸せで大きなやりがいを感じます。

　コーチとして一番大切にしているのは、真摯に取り組むことです。戦術や技術の研究も、選手やスタッフとのコミュニケーションも、「これぐらいでいいや」と思えば成長が止まります。競技に対しても人に対してもどん欲になり、日々勉強すること。そういった考え方や姿勢は、10年前も現在も変わりません。ただ、多くの選手と出会い、勝ったり負けたりするなかで、経験値は増えてきました。選手が10人いれば、10のプレースタイルがある。さらに、それぞれとの付き合い方がある。あまり話をしていなくても、「ここを強化しよう」という考えがピタッと合うことも多くあります。もともと人を観察することが好きで、選手寄りの立場でやってきたことがよかったのかなと思います。

日本A代表の男子シングルスを担当する中西コーチ。代表で指導する桃田賢斗は2018年、19年世界選手権で金メダルを獲得している

第 2 章

練習方法

半面コート、全面コートを使った練習や、
3人以上がコートに入って取り組むパターン練習などを紹介します。
使用するコート環境や、練習人数などからメニューを選んでください。
どの練習も試合につながる内容ばかりです。

パターン練習の目的を確認

一般的なパターン練習の目的やねらいを考えよう!

ラリーを"つなぐ"意識で

バドミントンの代表的な練習法の一つが、オールショートとオールロングです。前後のフットワークやコントロール精度の向上に加えて、シャトルをつなぐ意識の向上やラリーを継続するための体力アップにも役立ちます。ジュニアから世界のトップ選手まで、世代やレベルを問わず多くの人が取り組んでいる練習です。

ちなみに、最近の主流はオールショート。シャトルを沈めて相手に上げさせるこのパターンは、守りから攻めに転じる意識を高める利点があるため、日本代表の練習でも多く取り入れています。

現代の攻撃的なラリーにつながるので、ぜひ皆さんも積極的にチャレンジしてください。

速い球の対応力を磨く

シングルスで2対1の練習を取り入れているチームや選手は多いでしょう。ダブルスだと3対2、4対2など、複数の選手がコートに入って練習する場合もあります。

複数で行う練習のメリットは、速いテンポを体感できることです。とくに3対1や3対2の守備練習では、通常の1対1、2対2に比べて強くて速い球が連続で打ち込まれます。実際の試合よりも厳しい状況でレシーブし続ければ、守備力はどんどん高まっていきます。ただし、コートのなかに複数入れば、一人が動く範囲は狭くなり運動強度は落ちます。その場合は、ショットの精度、コントロール、戦術などを意識して取り組むことが必要です。練習前に目的やねらいを確認してください。

半面のオールショート

種目 シングルス ダブルス　レベル 初級　時間 **3〜5分**

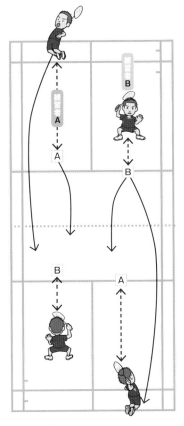

練 習 方 法

練習者 A
（動く側）
コート奥にきたらドロップ・カット。ネット前はヘアピンで返す。

練習者 B
（動かす側）
ネット付近からロブとヘアピンを打って練習者Aを前後に動かす。

練 習 の 目 的

練習者 A
● ミスをしないようにシャトルをつなぐ。
● 継続して体力とコントロール力を高める。

練習者 B
● ロブとヘアピンの長さ、高さを調整する。

中西理論!! 体力アップに効果的

　打っても打っても返されるオールショート。試合と違ってラリーが途切れないので、体力アップに効果的。日本代表でもよくやるメニューです。ラリーが続くなかで、安定したフットワーク、ストローク、コントロールを身につけるのが目的。気持ちを切らさず、きっちり前に返しましょう。厳しくしようと思えば、いくらでも厳しくできるメニューなので、自分をとことん追い込んでください。

MEMO
守りから攻めに展開できる

　最近の練習の主流は、シングルスもダブルスもオールショート。前に返す＝シャトルを沈めることで、守りから攻めに展開できるからです。体育館の空調の影響を受けにくい戦術にもつながるので、日本代表でも多く取り入れています。

全面のオールショート

種目 シングルス　レベル 中級　上級　時間 3〜5分（中級）、5〜10分（上級）

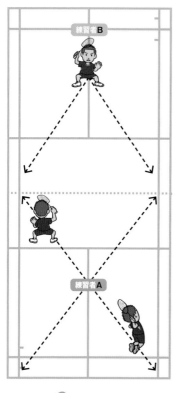

練 習 方 法

練習者 A（動く側）
コート奥にきたらドロップ・カット。ネット前はヘアピンで返す。

練習者 B（動かす側）
ネット付近からロブとヘアピンを打って練習者Aを前後に動かす。

練 習 の 目 的

練習者 A
- 広いコートをカバーするフットワークと、ラリーを継続するコントロール力を高める。
- 長時間、動き続けられる体力を養う。

練習者 B
- ネット前からのロブやヘアピンを使い、相手をまわす技術を高める。

中西理論!!　高い位置でとらえる

　オールショートで動かされる側（A）は、ドロップ・カット、ヘアピンを高い位置で打つ意識を持つこと。常に攻撃できる体勢が理想です。打点が前になるように素早く動きましょう。そのためには、必ずコート中央に戻るのではなく、最短距離で次にいける位置に戻ること。戻りながらラケットの準備をして、早くてスムーズなラケットワークを心がけましょう。

MEMO

シャトルを入れる係を置く

　全面1対1は、ラリーが途切れたら即シャトルを入れる係をコート脇に置きましょう。休む間もなく続ければ、数分で息が上がるはず。日本代表選手はいくつかシャトルを持ってコートに入り、ラリーが途切れたら自分から即再開します。

3点オールショート

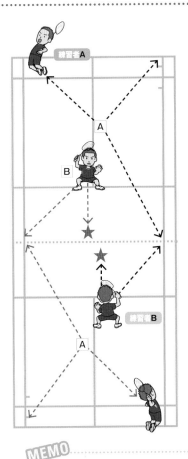

練 習 方 法

練習者 A（動く側）
フォア奥、バック奥はドロップ・カット。ネット前はヘアピンで返す。

練習者 B（動かす側）
ネット付近からロブとヘアピンを打って練習者Aを前後3カ所に動かす。

練 習 の 目 的

練習者 A
● ヘアピンを浮かさずに入れる。
● 3カ所をカバーし、ラリーの継続を意識する。

練習者 B
● 練習者Aに時間の余裕を与えないように、素早く前後に揺さぶる。

中西理論!! ネットから浮かさない

　全面1対1でオールショートができない場合、後ろ2カ所と前1カ所（3カ所）にすれば、同時に2組（計4人）入れます。各位置5分ずつ回れば20分。集中したら、試合以上の運動量です。
　ネットプレーがあるオールショートは、繊細なコントロールが必要。お互いがネットから浮かせないように、どれだけ続けられるか。息を上げて体を追い込みながら継続させましょう。

MEMO
試合につながるポジションを意識

　動かす側も集中して、試合を意識したポジションをとること。センター寄り（図内★）はバックでレシーブしてしまうところですが、実際のシングルスの試合ではフォアのはず。そこまで意識して、全員に意味のある練習にしましょう。

半面のオールロング

種目 **シングルス**　レベル **初級** **中級**　時間 **3〜5分**

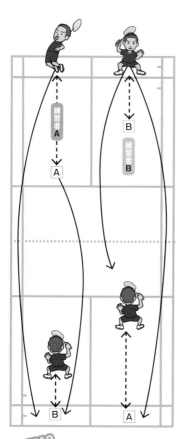

練習方法

練習者A（動く側）
コート奥はクリアー。ネット前に落とされたらロブで返す。

練習者B（動かす側）
コートの奥からクリアー、ドロップ・カットを打ち分ける。

練習の目的

練習者A
- コート奥まで力強く返球する力を身につける。

練習者B
- クリアーとドロップ・カットの長さ、高さを調整する。
- 前後に打ち分ける技術を高める。

中西理論!! 半面のなかで打ち分ける

半面のオールロングは、オールショートと同じく動く側（A）と動かされる側（B）が互い違いに入ります。半面のなかで、お互いにセンター、左右を意識して打ち分けること、継続させて体力アップを図ること、安定したフットワーク、ストローク、コントロールを身につけることも同じ。ゆるいショットが使えない分、体力的にきついですが、気持ちを切らさずにやり遂げてください。

MEMO

しのぐ技術と気持ちを養う

シャトルを前に沈めて守りから攻めに転じるオールショートに対し、守備的要素が強いのがオールロング。試合中、じっくり守る場面は必ず訪れます。体力的に追い込まれたなかで、しっかりしのぐ技術と気持ちを養いましょう。

全面のオールロング

種目 **シングルス**　レベル **中級** **上級**　時間 **3〜5分**（中級）、**5〜10分**（上級）

3点オールロング

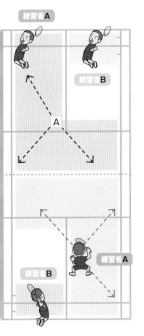

練習方法

練習者 A（動く側）

ネット前2カ所はロブ、コート奥からクリアーで返す。打ったあとはセンターに戻る。

練習者 B（動かす側）

コート奥からドロップ・カット、クリアーで返す。

中西理論!!　センターライン寄りに戻る

　全面コートが使える場合は、前2カ所、後ろ1カ所のオールロングに取り組みましょう。センターラインで2分割すれば、2ペアがコートに入って練習できます。練習のポイントは半面オールロングと同じですが、全面で行う場合は、練習者Aが打ったあとにセンターライン寄りに戻ることを意識しましょう。本番をイメージした動きが大切です。

全面（1対2）オールロング

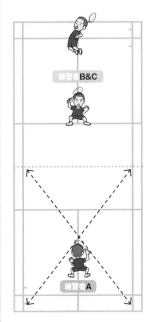

練習方法

練習者 A（動く側）

ネット前はロブ、コート奥からはクリアーで返す。打ったあとはセンター付近に戻る。

練習者 B&C（動かす側）

後衛はコート奥からドロップ・カット、スマッシュ、クリアーで返す。ネット前の球は前衛がロブで返す。

中西理論!!　判断力を磨く

　「とにかく後ろに返す」と思われがちなオールロング。しかし、実際の試合でそんなことはなく、ショットやコースを選択する力が必要です。このメニューでは、動かす側（2人）の後衛はスマッシュあり。動かされる側（A）は、返せればレシーブを奥へ、無理なら前につなぎます。試合で使える判断力を磨くオールロングです。

守備強化の2対1練習

種目 シングルス　レベル 中級　上級　時間 3〜5分

2がトップ&バック

スマッシュ、カット、ドロップ

ヘアピン、プッシュ、ロブ

サイドの球を意識しよう!

練習者B

練習者C

練習者A

練 習 方 法

練習者A（動く側）

シングルスの範囲内にきたシャトルを守備の意識で返す（攻撃はしない）。スマッシュはネットから浮かないレシーブで返球。

練習者B&C（動かす側）

後衛Bはスマッシュ、カット・ドロップ。前衛Cはヘアピン、プッシュ、ロブを打つ。

2がサイド・バイ・サイド

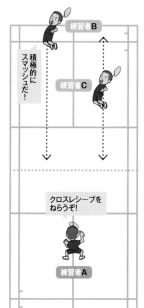

積極的にスマッシュだ!

練習者B

練習者C

クロスレシーブをねらうぞ!

練習者A

練 習 方 法

練習者A（動く側）

シングルスの範囲内にきたシャトルを守備の意識で返す（攻撃はしない）。

練習者B&C（動かす側）

BとCはサイド・バイ・サイドの陣形で半面を前後に動いて攻撃する。

中西理論!! 左右に揺さぶる意識

　サイドに揺さぶられても対応できるレシーブ力を養うメニュー。2側の後衛は、シングルスの試合本番より速いスマッシュを打ってくるので、まずは、追いついてシャトルにさわること。それができたら、クロス前へリターン。攻撃側を左右に揺さぶるレシーブを意識します。2側はコントロールを重視して、1側をしっかり動かしてください。

中西理論!! ロブの高さを意識

　左の「2がトップ&バック」練習のとき以上に、相手のスマッシュの速度を落とすようなロブを意識することが大切です。相手を前後に動かしながらレシーブすることで、より実戦に近い練習となります。1側は前に落とす球、クロスの球を打つタイミングなどを考えながら打ちましょう。2側はスマッシュのあとに前に出る動きを積極的に入れてください。

攻撃強化の2対1練習

種目 **シングルス**　レベル **中級** **上級**　時間 **3〜5分**

練 習 方 法

練習者A（動く側）　Aは攻撃。動く範囲はレベルや目的に合わせて「全面」、「前なし」、「後ろなし」に変える。

練習者B&C（動かす側）　BとCは守備。Aが動く範囲を見ながら返球する。

練 習 の 目 的

練習者A
- 相手2人に対して連続攻撃を仕掛ける。

練習者B&C
- 相手の動く範囲に合わせてレシーブをする。

練習者 B　練習者 C

前なし

練習者 A

後ろなし

中西理論!! 目的によって動く範囲を変える

　攻撃する1側は、能力や課題に合わせてコートを動く範囲を変えます。ヘアピンやプッシュなど前での攻撃力を上げたければ、ダブルスのロングサービスラインより後ろなし。後ろからの攻撃力を高めたいなら、ショートサービスラインより前なし。運動量アップをめざすならオールコートです。攻撃側も守備側もクリアーありで、より実戦的に。2側はしっかり守って、長くラリーを続けてください。

MEMO

本番を意識して追い込む

　2対1の練習では、どんなショットも返されます。負けると悔しいけれど、自分の体力や能力を上げるのが目的です。自分を追い込みながら、試合本番を意識した攻撃で挑むこと。その場だけで通用するプレーには意味がありません。

実戦向けの2対1練習

種目 **シングルス** レベル **中級** **上級** 時間 **5～10分**

1がクロススマッシュを打つ

練 習 方 法

練習者A (動く側)

①後衛Bとクリアーを打ち合う。

②自分のタイミングでクロススマッシュ。

③前衛Cのショートリターンに対応（ヘアピンまたはクロスロブ）。

練習者B&C (動かす側)

①後衛Bはクリアーを打ち合う。

②Cはセンター付近で構える。

③CはAのクロススマッシュをストレートにショートリターン。

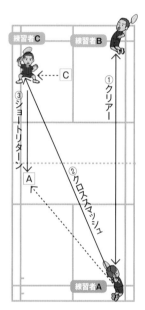

中西理論!! フォームを崩さない

攻撃側1がストレートクリアーで相手を崩し、あいたスペースにクロススマッシュを打って前に出る、という攻撃練習です。試合でのスマッシュコースは大きく分けて、両サイドライン際と相手のボディ。2側にレシーブされてもフォームを崩さず、何度も攻撃できる体勢を維持しましょう。2側は守備的なクリアーと、ショートリターンの練習です。

クロススマッシュ後の展開

練 習 方 法

練習者A (動く側)

①前衛Cとヘアピン。

②Cのロブをストレートにクリアー。

③後衛Bとクリアー。

④クロススマッシュのあと、Cとヘアピン（①に戻る）。

練習者B&C (動かす側)

①②前衛CはAとヘアピンを打ち合い、ストレートにロブ。

③後衛Bは逆サイドに動いてAとクリアーを打ち合う。

④CはAのクロススマッシュをストレートにショートリターン（①に戻る）。

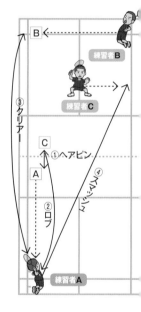

中西理論!! ヘアピンでつなぐ

左で紹介したメニューに、ネット前でのヘアピンの打ち合いを入れてサイドチェンジ。打っても打っても返される1側は、頑張って攻め続けてください。守備側は2人なので動きが少なく、中級者でもラリーを長く続けられるはず。一つひとつのショットのコントロールを高めることを意識して、しっかり取り組みましょう。

守備強化の3対1練習

種目 **シングルス**　レベル **上級**　時間 **5〜10分**

後衛2、前衛1の練習

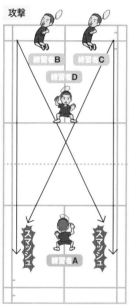

攻撃

守備

練 習 方 法

練習者 A（守備側）

シングルスの範囲内にきたシャトルを守備的に返す。

練習者 B&C& D（攻撃側）

後衛BとCはスマッシュ、ドロップ・カット、ドライブ。前衛Dは主にヘアピン。Aのレベルや目的に合わせてクリアー、ロブ、プッシュを入れる。

後衛1、前衛2の練習

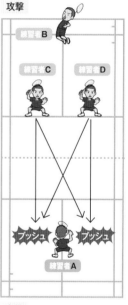

攻撃

守備

練 習 方 法

練習者 A（守備側）

シングルスの範囲内にきたシャトルを守備的に返す。

練習者 B&C& D（攻撃側）

後衛Bはスマッシュ、ドロップ・カット、ドライブ。前衛CとDはヘアピン、プッシュ。Aのレベルや目的に合わせてクリアー、ロブを入れる。

中西理論!!　クロスに返球して走らせる

　ねらいは守備力アップ。男子はフリー。女子は3側のスマッシュをストレートに限定、前衛はヘアピン中心にするなど、選手によって決め事を設けてもOK。3側は待ち構えた状態から強い球を打ってくるので、1側はまずシャトルにさわる。そのうえで、クロスレシーブで相手を走らせることを意識します。ホームポジションに戻る速さも大事です。

中西理論!!　構える速さを意識

　左のメニューと同じやり方で、3側は前衛が2人。実際の試合よりテンポが速くなるので、1側は素早く準備してレシーブ。至近距離から打たれたプッシュを、後ろまで返すためのスピードとパワーを養います。相手がスマッシュ→前に詰めてプッシュという展開で決められてしまう選手に、とくに取り組んでほしい練習です。

3対2と4対2の練習

種目 ダブルス　　レベル 中級　上級

時間 3対2＝21点勝負　4対2＝10～20分 (レベルや時間によって点数を設定)

攻撃が3、守備が2の練習

練 習 方 法

練習者 A&B (守備側)

通常と同じルールで試合、ラリーを行う。

練習者 C&D (後衛)　**練習者 E** (前衛)

3人でラリー。サービスレシーブのときは、サービスエリアに2人が入り、ショートサービスは前、ロングサービスは後ろの選手が対応する。サービスはローテーションする。

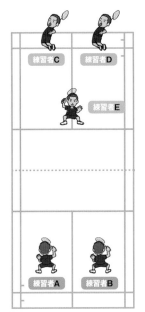

中西理論!! サービスの精度を高める

　チーム内の一番手ペアが2側に、二、三番手ペアが3側に入ると、一番手のレベルアップにつながります。3側はローテーションしても、2側の強化のため強い陣形に固定してもOKです。3側のサービスレシーブは前衛と後衛が対応するので、2側はサービスの精度も高めること。戦術やペース配分も考えながら、勝利をめざしてください。

攻撃が4、守備が2の練習

練 習 方 法

練習者 A&B (守備側)

練習者C～Fの攻撃を守備的に返す。甘い球には攻撃を仕掛けていく。

練習者 C&D (後衛)　**練習者 E&F** (前衛)

4人が前衛、後衛に分かれ、それぞれのポジションから攻撃をする。時間や本数などで役割や場所を変える。

攻撃

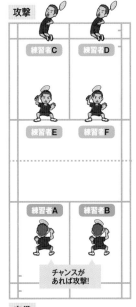

チャンスがあれば攻撃!

守備

中西理論!! 素早い準備を意識

　2側の守備力強化が目的の4対2は、点数をつけません。実際の試合より速く強いショットに、素早い準備と速いスイングで対応。攻撃に持ち込むパターンにも挑戦してください。4側は一番強い陣形で攻撃。試合での有効打となるコースをねらいながら、2側の弱点を見つけること。しっかりコントロールして強い球を打ち込んでください。

4対1練習

種目 **ダブルス** レベル **中級** **上級** 時間 **半面5分**(両サイド計10分)

攻撃が4、守備が1の練習

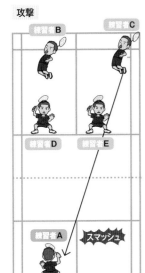

攻撃

練習者 B

練習者 C

練習者 D

練習者 E

練習者 A

スマッシュ

クロス奥に上げた場合は
センターに寄って構える

守備

練習方法

練習者 A (守備側)

半面から相手コート全面に守備的に返す。

練習者 B・C (後衛) **練習者 D・E** (前衛)

前衛、後衛に分かれて攻撃。後衛は男子がクリアーなし、女子はクリアーありにして、実戦に近い形で打つ。

中西理論!! 攻め込まれても押し返す

　4対1のダブルスの守備練習。1側は半面コートで、どんなに厳しく攻め込まれても「相手コートに返す」のが目的です。パートナーはいませんが、ダブルスのポジションを意識することを忘れずに。4側の後衛は、男子はクリアーなし。前衛の2人は1側の立ち位置を見ながら、ポジションを移動してください。

中西コーチのアドバイス！

3対3も
有効活用しよう！

　多人数を相手にするメニューはキツいですが、時には楽しみも必要です。日本代表では長距離移動の翌日など、最初に3対3をやることがあります。サービスレシーブが2人体制という以外、通常のルールで21点マッチ。コート内に3人いるので運動量が少なく、ケガをする可能性が低い。徐々に体をほぐしながら、「負けたら罰ゲーム！」として大いに盛り上がっています。一方で、サービスまわりが厳しくラリー展開が速いので、ラケットワークのレベルアップ練習としての効果も十分あります。

　追い込んだ練習が続いて疲れがたまっている、人数が多くてダラダラしている、練習の雰囲気がイマイチ上がらない…。そんなときは、ぜひ試してみてください！

練習に取り組む意識を再確認

強くなるためにはどんな意識を持つべきか考えよう!

常に目的を持つことが大事

「指導者がいなくて練習メニューに困っています」と相談されることがあります。一つ言えるのは、「どんなメニューをやるかより、どんな意識や雰囲気でやるかが大事」ということ。基礎打ちやパターン練習、手投げノックなど、指導者なしでできるメニューに、どう取り組んでいるか。見直してみましょう。

といっても、意識を高めるのは難しいですよね。そんなときは、練習メニューに目標を設定します。「この時間はミスをしない」「20本連続でつなげる」…。具体的な目標があれば、自然と意識が変わるはず。さらに、「試合を想定して打つ」を徹底することです。一人が意識を変えれば、必ずいい影響が生まれます。練習の雰囲気から変えていきましょう。

ノックの効果とトレーニングのコツ

指導者がいない環境では、複雑なノック、スピードのあるノックを受ける機会は少ないと思います。しかし、単純な手投げノックでもしっかり取り組めば、基礎力を高めることはできる。そして、基礎力が高まれば練習の質が上がっていく。実力がつけば自分やチームに足りない部分が見えて、必要な練習メニューが自然とわかってくる。本書で紹介している練習法などを参考にして、練習メニューを組み立てることができるはずです。

さらに、ランニングや筋力トレーニングなどコート外でのメニューを継続しながら、シャトルを打つフィジカル練習を増やすこと。追い込まれた体勢で打ったり、息が上がるキツいメニューを取り入れるなどして、試合につなげてください。

シングルスのパターン練習 ①

種目 **シングルス**　レベル **初級**　**中級**　時間 攻撃・守備各**10〜15分**

ストレートクリアー→クロスの決め球

攻撃　　　　　　　　　　　　　　　　　　　　　　　　**攻撃**

1〜3往復ほどク
リアーを打つ

攻 - - - - - - - - - →

体勢がいいときは
決め球をねらう

クロスカット

クロススマッシュ

ストレートクリアー

▶▶▶

守

コート奥に返球した
ら次の準備

打ったあとはホーム
ポジションに戻る

守備

守備

練習方法

攻撃側 ストレートクリアー
を打ち合い、自分の
タイミングでクロス
スマッシュ、または
クロスカットを打つ。

守備側 クリアーを打ち合う。
攻撃側がクロスス
マッシュ、クロスカ
ットを打ってきたら
ストレートにレシー
ブ、またはロブ。そ
のままサイドを変え
てクリアーを打ち合
う。

練習の目的

攻撃側
●スマッシュ・カット
を打つタイミング
を考える。

守備側
●クリアーを打った
あとのポジション
を考える。
●体勢が悪かったら
ハイクリアーで押
し返す。

中西理論!!　ストレートクリアーで崩す

　ストレートクリアーを打ち合い、相手が甘くなったところを逃さ
ずクロスに決める練習です。シングルスの試合における基本パタ
ーンを、攻撃側と守備側に分かれて練習します。攻撃側はクリア
ーで押して相手を崩し、チャンスをつくって決めにいく。守備側はホ
ームポジションに戻りながら、クロスショットを警戒してストレー
トに返します。

シングルスのパターン練習 ②

種目 **シングルス** レベル **初級** **中級** 時間 **10〜15分**

つなぎのラリーを身につける

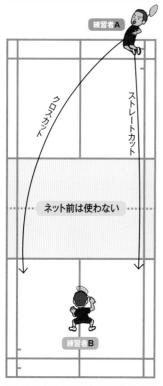

練習者A

クロスカット

ストレートカット

ネット前は使わない

練習者B

3 ストレート ロブ	4 クロス ロブ

練習者A

ストレート ヘアピン 1	クロス ヘアピン 2

練習者B

練 習 方 法

練習者 A
ショートサービスラインより前の範囲は使わない。Aはコート後方からストレートカット、クロスカットの2コースに打つ。ネット前付近の返球はつなぎ球（長めのヘアピン）で対応する。

練習者 B
Aのカットを長めのヘアピン（1 2）、コート奥（3 4）に返球。Aのつなぎ球はロブで返す。

練 習 の 目 的

練習者 A
● ネットから浮かないつなぎ球を意識する。

練習者 B
● ミスをしないように返す。
● ロブを打つときはAにスマッシュを打たれない高さと距離をねらう。

中西理論!! つなぎ球を正確にコントロール

　攻撃でも守備でもない「つなぎのラリー」を身につけるのが目的。実際の試合は、ラリーの主導権をつかむための「つなぎ球」が50パーセントで、相手に攻撃的なショットを打たせないのが、いまのシングルスの主流です。お互いに打てない状況で、相手に決め球を打たせないようにしましょう。
　ロブは相手が跳びついても届かない、回り込んでも間に合わない高さとコースをねらう。ヘアピンはネット際に落とすとギリギリに返されるので、ネットから遠ざけた範囲に打つことを意識。キレイなシャトルを使って、しっかりコントロールしてください。

シングルスのパターン練習 ③

種目 **シングルス**　レベル **初級** **中級**　時間 **10～15分**

攻撃的なクロスヘアピンにストレートで対応

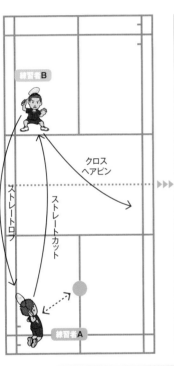
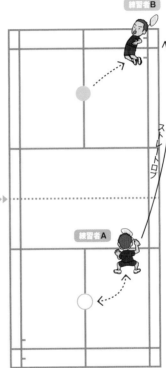

練 習 方 法

練習者 A
バック奥から
ストレートカットを打つ。Bがクロスヘアピンを打ってきたら前に動いてストレートにロブ。役割を交替する。

練習者 B
Aのストレートカットを、ストレートロブで返球。タイミングを見計らってクロスヘアピン。Aがロブを打ってきたら、役割を交替する。慣れてきたらAのカットをクロスロブで返球する。

練 習 の 目 的

練習者 A
●相手のクロスヘアピンをストレートロブでしっかり打ち返す。

練習者 B
●クロスヘアピンは相手に悟られないように打つ。

中西理論!!　クロスの球を正確にストレートへ返す

　攻撃的なクロスショットを打たれたら、ストレートに返すのが効果的。「クロスに入ってきたシャトルを、ストレートでしっかり返す」という基本パターンを身につけるのが目的です。慣れてきたら、練習者Bはクロスヘアピンを打つ場面にクロスロブを加えてください。練習者Aはクロスヘアピンにはストレートロブ、クロスロブにはストレートクリアーで対応。真っすぐ相手の後ろをねらって、コートを斜めに走らせる展開を覚えましょう。後ろから打つ側と対応する側、互いの役割を入れ替えながら、しっかりコントロールしてラリーを続けてください。

91 〜95ページで紹介しているオールショートとオールロングの練習について、中・上級者向けのポイントを解説します。

この練習は主に前後の動きを高めることが目的ですが、中級者以上に意識してほしいのはフットワークです。そこで確認しておきたいのが、構える足のスタンス。シングルスの試合では、両足を横に開いた状態で構えることが多くなります。これは左右の球に対応しやすいスマッシュレシーブのスタンスですが、試合では前後にも動くことを考え、一歩目をスムーズに出す意識が必要です。半面しか使用できない場合などに、この前後のスタンスを練習することで、より実戦に近づきます。またスタンスを前後に開くのは、前後の動きに特化した構えですが、今回の練習のなかで左右に速い球がこないと予測できたときは、積極的にスタンスをアレンジして、その場に適した構えをとってもよいでしょう。

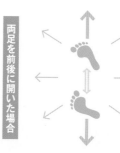

両足を横に開いた場合

両足を前後に開いた場合

第 3 章

ノック練習

同じ動きを何度もくり返し行うノック練習は、
バドミントンの「動き」を鍛えるのに適しています。
決められた時間や本数を全力で動く内容が多く、
とくにフィジカル強化、スピード強化に効果があります。

ノック練習に取り組む意識

ノック練習の目的とねらいを確認しよう！

ノックの目的

選手の苦手を克服させる

　ノックは、「これをマスターしたい」というピンポイントな課題を、数をこなすことでクリアする練習方法です。ノッカーは「これが苦手なんじゃないか」と選手の課題を見抜き、克服するためのノックを出すことが求められます。

　そして、ノック練習の大事な目的の一つが、フィジカルを鍛えること。体に負担を与えるために、実際の試合では正解といえない動きを取り入れたメニューもあります。たとえば、111ページの「X字ノック」は、クロススマッシュをストレートのネット前に返されます。苦しい状況のなかで、「フィジカルを鍛えているんだな」という目的をわかっていれば、意味のある練習になるのです。

ノックの本数や時間

ノックは"時間"で考える

　ノックの単位を、私はだいたい「秒」で設定します。1回30秒を選手2人で回して30セット。あるいは、20秒を2人で回して40〜60セット、という具合です。

　この秒数には意味があります。男子シングルスのラリーを計測したところ、1回10〜20秒。21点×2ゲームで42点として、相手の点数も含めて全部で50〜60点。20秒×60セットが一番試合に近い形であり、さらに強度を上げるため、プラス10秒して30秒というわけです。

　ただし、同じメニューを延々と60セット続けるのではなく、高さやコースを変えて、10セットずつ積み重ねることもあります。選手の様子を見ながらやる気をキープさせるのも、ノッカーの役割です。

▶ ノッカーのポイント

ノックの打ち方やシャトルの持ち方のポイントを覚えよう！

ノックを腰より下から打つ場合

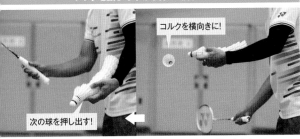

コルクを横向きに！

次の球を押し出す！

放したあと、人さし指で
次のシャトルを準備

コルクを人さし指で支えながら、
横向きに出す

☑ CHECK!

目的によって
出し方を変える

　ノック練習は、その選手の目的やねらいによって、スピードや高さ、タイミングなどをノッカーが調整します。ラケットで打つノックは実戦に近い動きを磨くこと、手投げノックは反復練習でショットの精度を高めることが主な目的です。ノッカーは内容によってノックの出し方を変えましょう。

P O I N T

コルクを横向きに出す

　ノッカーは16〜20球のシャトルの束を持って、一人でノックを打てるようになりましょう。腕にアームサポーターをすると、シャトルの羽根がサポーターに刺さり、スマッシュなどの激しい動きでも落ちにくくなります。また、シャトルを1個ずつ放すときは、コルクが横向きだと打ちやすくなります。ぜひ、試してみてください。

ノックを頭より上の高さから打つ場合

シャトルは横向きに出す

人さし指で調整

手投げの使い分け

　試合をイメージした手投げノックは、コルクを練習者に向ける投げ方がいいでしょう。カットやドロップなどの軌道は、下から投げるよりも胸の高さから直線的に投げたほうが実戦的。下からふわりと投げるノックは、練習者がネットの下から打つヘアピン練習などで使うようにしましょう。

手投げノックの出し方（胸の高さから）

そのまま押し出すように
投げる

コルクを練習者に
向けて持つ

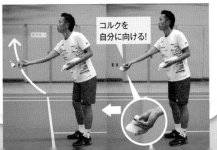

コルクを
相手に
向ける！

手投げノックの出し方（下から）

腕や手首を引いて、
そのまま放す

羽根の部分を持って、
コルクを体に向ける

コルクを
自分に向ける！

逆N字・N字ノック

種目 **シングルス**　レベル **初級**　**中級**　時間 **30秒×10セット**

逆N字の動き

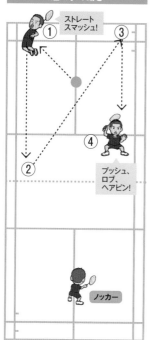

ストレート
スマッシュ！

プッシュ、
ロブ、
ヘアピン！

ノッカー

N字の動き

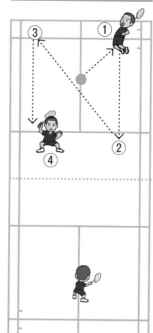

練 習 方 法

練習者

①ホームポジションから
フォア奥に動いてストレ
ートスマッシュ。
②ストレート前に動いて
プッシュ、ヘアピン、ロブ。
③クロス方向に下がって
ストレートスマッシュ。
④ストレート前に動いて
プッシュ、ヘアピン、ロブ。
＊①～④をくり返す。①
でバック奥から動くN字
の動きも取り入れる（右
図）。

ノッカーの視点

　練習者を前後に速く
動かすことが目的の練
習。コート奥の①③のノ
ック球は、大きく上げず
に低めの軌道でテンポ
よく出す。

中西理論!! 攻撃練習のスタンダード

　シングルスの攻撃練習として一番スタンダードなノックです。
後ろから打って前へ、すぐに下がってコート奥へ。速いテンポ
で、コート内を「N」を逆にしたように動きます。タテの動きと斜
めに下がる動きは、シングルス力のバロメーターです。
　ネット前はヘアピン、プッシュ、ロブもあり。ノッカーは「肩
の高さを目標に高い打点で」と最初に伝え、それができていれ
ばOK。プッシュが苦手な選手には高さのある球を出して、プッ
シュに限定することもあります。スタート位置をバック側にす
る「N」の動きのパターンもやりましょう。

X字ノック

種目 シングルス　レベル 初級 中級　時間 30秒×10セット

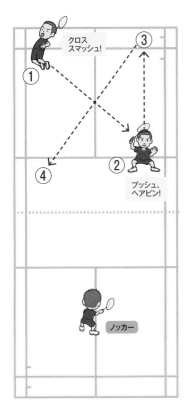

クロス
スマッシュ!

③

①

④

②

プッシュ、
ヘアピン!

ノッカー

練習方法

練習者
①ホームポジションからフォア奥に動き、
　クロススマッシュ。
②クロス前に走ってプッシュ、ヘアピン。
③真っすぐ後ろに下がってクロススマッシュ。
④クロス前に走ってプッシュ、ヘアピン。
＊①～④をくり返す。

ノッカーの視点

　ノッカーは、選手が試合中に「クロス前に走る」という状況をイメージして、プッシュ、またはヘアピンを意図的に打たせる（ノック球の高さや速さを変える）。

中西理論!!　フィジカルを強化する

　攻撃の基本となるスマッシュ＆ネットをアレンジしたノックメニューです。クロススマッシュを打って斜め前に走る「X」の動きは、110ページの「逆N字／N字」よりキツいもの。それをくり返すことで運動強度が上がり、フィジカルを強化することができます。勝ちパターンを覚える基本練習に対し、フィジカルを鍛えるのが目的です。

MEMO
基本パターンと合わせて行う

　試合では、「真っすぐ打って前に速く詰める。無理にクロスに打って走らされない」が基本！ とはいえ、クロスカットは使うし、ストレートスマッシュをクロスに返されることもあります。練習では基本パターンと合わせてやりましょう。

崩し球からフィニッシュへ

種目 **シングルス**　レベル **初級** **中級**　時間 **30秒×10セット**

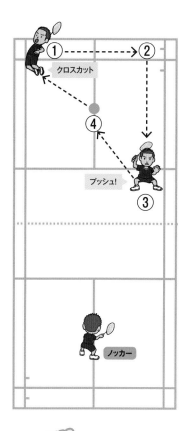

練 習 方 法

練習者 ①ホームポジションからフォア奥に動いて
クロスカット。
②逆サイドに動いてストレートスマッシュ。
③ストレート前に動いてプッシュ。
④ホームポジションに戻る。
＊①〜④をくり返す。①をバック奥に出す
逆パターンにも取り組む。

ノッカーの視点

　ノッカーはフィジカル強化よりも、正確性重視の
意識でノックを出す。また、練習者のクロスカットを
ノッカーがそのままロブで返すと(ノック球を出さ
ない)、より実戦的な練習になる。

中西理論!! 定番の攻撃パターンを覚える

　クロスカットで崩してチャンスをつくり、ストレ
ートスマッシュから、前に出てプッシュで決める。
試合中によくあるパターンを覚える練習です。クロ
スカットは、ロブが返ってくるようにしっかり沈め
る。スマッシュはストレートをきっちりねらう。素
早くネット前に詰めてプッシュを確実に決める。そ
れぞれのショットの質を高めましょう。

MEMO
動きのなかで正確に打つ

　シングルスの必勝パターンを覚え、動きのなかで正確に打つ
ための反復練習です。フィジカル面の強化というより、プレー
のクオリティーを高めることが目的。すべてのショットの質を
上げることを意識して、逆方向も取り組んでください。

ネット前からの展開

種目 **シングルス**　レベル **初級** **中級**　本数 **10〜15本×5セット**

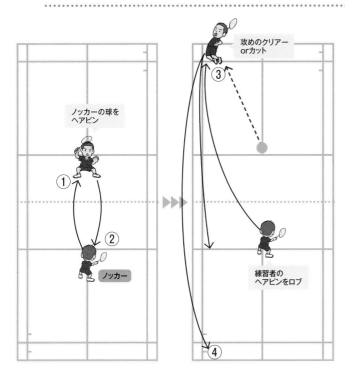

攻めのクリアー
orカット

③

ノッカーの球を
ヘアピン

①

②

ノッカー

練習者の
ヘアピンをロブ

④

練 習 方 法

練習者

①②ノッカーがネット前に出したシャトルを、練習者はヘアピンで返す。
③④ノッカーが左右ランダムに上げたロブを、練習者はストレートにクリアーかカットで返す。

ノ ッ カ ー の 視 点

ノッカーはロブを左右ランダムに打つ。練習者が後ろまでしっかり下がれるように、ダブルスのロングサービスラインより奥をねらう。

中西理論!! 高い打点から相手を崩す

　ノッカーと練習者がシャトルを打ち合うノック。シャトルの消費量を減らせるというメリットもあるメニューです。ノッカーがネット前に出して、練習者がヘアピンで返球。ノッカーはロブで返し、練習者はクリアーかカット。ロブのコースはランダムに、コート奥までしっかり上げてください。「攻撃＝スマッシュ」ではなく、コート奥の高い位置から打つ相手を崩すショットも攻撃の一つ。試合で勝つために必要です。しっかり体を入れて、攻撃的なクリアー、相手を崩すカットを、高さやコースを意識して打ち分けましょう。

コの字ノック

種目 **シングルス** **ダブルス**　　　レベル **中級** **上級**　　　時間 **30秒×10セット**

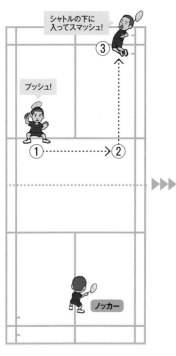

シャトルの下に
入ってスマッシュ!

③

プッシュ!

① ┄┄> ②

ノッカー

スマッシュ!

③

⑥

素早くネット
前に詰める

⑤ <┄ ④

ノッカー

練習方法

練習者

①フォア前からプッシュ。
②逆側に動いてプッシュ。
③後ろに下がりスマッシュ。
④前に動いてプッシュ。
⑤逆側に動いてプッシュ。
⑥後ろに下がりスマッシュ。
＊①〜⑥をくり返す。

ノッカーの視点

　ノッカーは、③と⑥で練習者が確実にスマッシュを打てるように、ノック球の高さや距離を調整（深く上げすぎない）。また、スマッシュ後にドライブのノックを加えると、ダブルスの練習にもなる。

中西理論!! シングルスの決定力を高める

　「コ」の字を横に倒した形に動きながら決定力を高める練習。プッシュで崩して甘い返球をスマッシュで決める、スマッシュから素早く前に詰めてプッシュで決める。連続して攻める形を維持して、最後はスマッシュで決めます。ヘアピンを打つ場合は相手にある程度の余裕を与え、高いロブで返されますが、ここではネット前で速く突くプッシュを使って時間を与えません。

　ノッカーは、後ろの球が深くなりすぎないように注意しましょう。深くなってしまったら、練習者はハーフスマッシュで対応するなど、常に実戦を意識することを忘れずに。

シャトルフットワーク

種目 **シングルス**　レベル **初級** **中級**　本数 **10本×5セット**

基本の動き	応用の動き

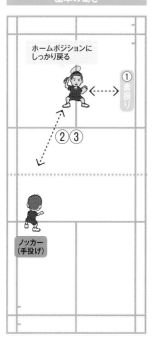 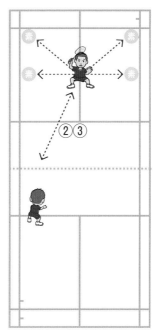

ホームポジションに
しっかり戻る

① 素振り

②③

ノッカー
（手投げ）

素

②③

練 習 方 法

練習者

①ホームポジションから
バック側に動いて素振り。
②センターを経由し、フォ
ア前からロブ、ヘアピン。
③ホームポジションに戻る。
＊①〜③をくり返す。①の
素振りをフォア側に動く
パターンにも取り組む。

ノッカーの視点

　ノッカーは手投げで
正確にノック球を出す。
練習者のレベルに合わ
せてノック球の質を変
えたり、フォア奥やバッ
ク奥で素振りさせて負
荷をかける。位置を調整
して、1コートに2組入
れるなど工夫して行う。

中西理論!! ネット前に入るステップを意識

　ネット前の理想の姿勢は「胸を張って左手を後ろに残す」。胸を張って
体の中心部分をより前に体重移動するイメージで。後ろにある左手でバ
ランスをとります。フォア前は「右→左→右」のステップで、「左」を力強く
押し出すこと。バック前は「左→右」のステップか、右足で一気に踏み込
むのか、瞬時に判断できるように練習を重ねてください。
　また、自分の手とラケットは同じ動きです。フォアは手のひらで、バッ
クは手の甲で、シャトルに対して手を真っすぐに「線」で押し出す感覚が
つかめると、ロブは安定します。

スマッシュ強化

種目 **シングルス**　レベル **初級** **中級**　時間 **10〜20秒×5セット**

基本の動き	応用の動き

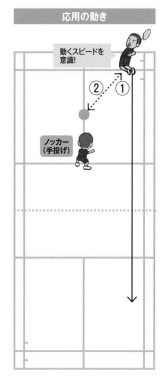

シャトルの下に入ってスマッシュ!

動くスピードを意識!

ノッカー（手投げ）

ノッカー

練習方法

練習者

①ホームポジションからフォア奥に下がりスマッシュ。
②ホームポジションに戻る。
＊①〜②をくり返す。①をバック奥に下がるパターンにも取り組む。

ノッカーの視点

　練習者がしっかりスマッシュを打てるように、ノッカーはコートの奥まで高く上げる。レベルが上がれば、応用として練習者側のコートから手投げでノック球を出す（右図）。

中西理論!! 精度とパワーを重視

　スマッシュ強化のノックの基本パターンは、ショットの精度とパワーを重視。ノッカーが大きくゆっくり出した球を、ホームポジションから下がってスマッシュ。フォアとラウンドから、それぞれストレートとクロスへ、計4パターンです。
　応用編はノッカーが練習者と同じエンドに入り、至近距離から手投げで素早く球出し。練習者は短い時間のなかで跳びついて打つなど、フットワークや体の使い方を身につけます。ノッカーは練習者を見て、球出しのテンポをコントロール。慣れてきたらフォアとラウンドに散らします。

ストレートロブの精度を上げる ①

種目 **シングルス**　レベル **初級**　**中級**　本数 **20本×5セット**

基本の動き	応用の動き

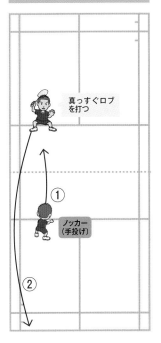

真っすぐロブ
を打つ

ノッカー
(手投げ)

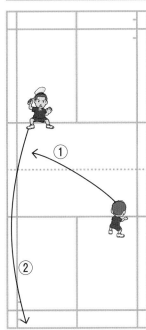

練習方法

練習者

①ノッカーはネット前から手投げで球出し。
②練習者はノッカーの正面からストレートにロブ。
＊①〜②をくり返す。バック側も行う。

ノッカーの視点

ノッカーは、練習者のラケット面やスイングの軌道を確認しながらノック球を出す。応用として、ノッカーは練習者の逆サイドから手投げでノック球を出す(右図)。

中西理論!! サイドラインに合わせた軌道でスイング

ロブの第1段階は、真っすぐきたシャトルをストレートに返すこと。手をサイドラインに合わせた軌道でスイングして、そのまま押し出せば、ラケットが自然とラインに乗って真っすぐ上がります。「線」でとらえるイメージで打ちましょう。ねらいはコートの一番奥のコーナー。距離感を正確につかむため、なるべくキレイなシャトルを使ってください。

ロブの精度を高めることは、プレー全体のレベルアップにつながります。「応用の動き」も含めて、しっかりロブ練習に取り組みましょう。

ストレートロブの精度を上げる ②

種目 **シングルス** レベル **初級** **中級** 本数 **20本×5セット**

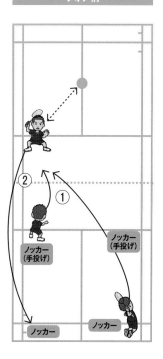

練習方法

練習者

①ノッカーはネット前（フォア前、バック前）とコート奥（フォア奥、バック奥）の4カ所それぞれから球出し。ネット前は手投げで、コート奥からはラケットを使ってノックを出す。

②練習者はストレートにロブで返す。打ったあとはホームポジションに戻る。
＊①～②をくり返す。バック側にも取り組む。

ノッカーの視点

ノッカーは4カ所それぞれの場所で打つ球の軌道を考えながら、ノック球を出す。練習者のレベルによって、スタートの位置を変えるなど、負荷をかけてからロブを打たせる。

中西理論!! 運動強度を上げる

　ロブの第2段階として、運動強度を上げます。右足を一歩出す距離からスタート、ホームポジションからスタート、逆サイドで素振りを入れてから打つなどしてください。ノッカーの位置は、フォア前、バック前、フォア奥、バック奥の4点に増やします。前は手投げ、フォア奥は面を切ったカット、バック奥はハイバックなど、実戦に近づけてください。

　最終的には、クロスロブも正確に打てるようにしましょう。さらに、低い位置、高い位置、中間の位置と、さまざまな打点からロブを打てるようになれば、プレーの幅は大きく広がります。

ストレートロブの重要性

P O I N T ストレートロブはなぜ大事なのか

ノック練習でも紹介しているストレートロブ。シングルスでは、戦術としてストレートロブがとても大事だといわれています。その理由を説明しましょう。

フォア前からロブを打つ場合、ストレート（図A）だと次に守るポジションは★。クロスロブ（図B）だと★まで動きます。図では大きな差がないと感じるかもしれませんが、実際のコートでは50〜100センチぐらい離れています。

ストレートロブを打てば、次に構える★までの距離が短く、相手にストレートに打たれても余裕を持って対応できます。クロスにスマッシュを打たれても、距離が長いので対応しやすいです。クロスロブを打ってしまうと、★までの距離が長いうえに、甘くなってストレートに打たれれば対応が遅れます。決められるリスクが高くなるだけでなく、体力の消耗も大きいのがクロスロブです。

もちろん、ストレートとクロスをうまく打ち分けることは大切です。ただ「移動距離」「次に素早く構える」ということを考えるのであれば、ストレートロブを使うのが有効です。

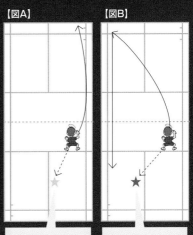

【図A】　【図B】

フォア前からストレートロブを打ったあとに戻る位置は★。相手のストレートの攻撃に対応しやすい。また、早く構えて守る準備をすることができる

フォア前からクロスロブを打ったあとに戻る位置は★。戻るのが遅れてしまうとストレートスマッシュの対応が難しい。移動距離が長いデメリットも

球際を強くするノック練習

種目 **シングルス**　レベル **中級**　**上級**　本数 **20〜30本×10セット**

打ったら素早く
センターに戻る

5　6
3　4
1　2

ノッカー
（手投げ）

練習者の動きを見て
フェイントを入れる

練習方法

練習者　ノッカーが6カ所（1 2ネット前、3 4サイド、5 6コート奥）に出してくる手投げのノック球をフリーで返す。ホームポジションに素早く戻り、速いテンポにも対応する。

ノッカーの視点

ラケットで打つよりも、手投げのほうが正確に速く出すことができる。床上すれすれに出したり、前と見せかけて後ろ、左と見せかけて右など、体でフェイントをかけながら、練習者がギリギリで打てる球を出す。

中西理論!! 細かいステップで動く

シングルスで大事な、床すれすれの「球際」に強くなるための練習です。ノッカーは練習者のギリギリを見極めながら、前と見せかけて後ろ、右と見せかけて左など、フェイントも入れて速いテンポで球出し。ノッカーからの距離が近い分シャトルが床に落ちるのが早いので、練習者は細かいステップで素早く対応します。全面ノックのなかでも強度が高いメニューの一つです。

MEMO 練習者に合わせたテンポを設定

練習者の返球はフリーです。最初は、「すべてネット前に沈める」など返す位置を決めたり、苦手を克服するためのルールを設定したりしてもOK。ノッカーは、速いテンポで練習者を動かす意識で球出しをしてください。

ネット前のプレーを強化

種目 **シングルス**　レベル **初級**　**中級**　本数 **20本×5セット**

基本の動き	応用の動き

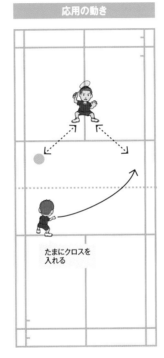

細かいステップ
で動く

②

①

①

ノッカー
(手投げ)

①

②

たまにクロスを
入れる

練 習 方 法

練習者

①フォア側のネット前
に出されたノック球を
ヘアピンとロブで返す。
②打ったあとはホーム
ポジションに戻る。
＊①〜②をくり返す。ノ
ッカーは練習者の動き
を見て、クロスの球も入
れる。バック側も同様に
行う。

ノ ッ カ ー の 視 点

ノッカーは、練習者の
動きを見ながら手投げ
で素早くノック球を出
す。練習者は、同じ動き
をくり返すとフォーム
への意識や戻る意識が
低くなるので、たまにク
ロスを入れて緊張感を
持たせる。

中西理論!!　シャトルを正確にコントロール

　ネットプレーの精度とスピードを高めるノックです。ノッカーは速
いテンポで手投げで球出し。ヘアピンを想定する場合は下から、カッ
トなど速い球の場合は胸の高さから出します。試合のイメージで投げ
分け、不意にクロス(バック側)を入れます。
　練習者は細かいステップを踏み、ネット前とホームポジションを往
復。時間がないなかで、シャトルをコントロールすることを意識してく
ださい。120ページで紹介している内容の部分練習(1 2)となります
が、同じ場所を連続して動くことで疲労度が高まります。しっかり足
を動かして対応してください。

フォア奥の強化

種目 **シングルス**　レベル **初級**　**中級**　本数 **10〜20本×5セット**

フォア奥への動き

シャトルを見て体勢を考える

② ①

ノッカー（手投げ）

練習者に打たせたいフォームをイメージして投げる

素振りを入れた動き

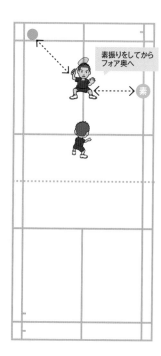

素振りをしてからフォア奥へ

 素

練 習 方 法

練習者

①フォア奥に出された手投げのノック球を返す。高さや速さに応じてカット、スマッシュ、クリアーを打ち分ける。
②打ったあとはホームポジションに戻る。
＊①〜②をくり返す。慣れてきたら運動強度を上げるために、逆サイドで素振りをしてから①を行う（右図）。

ノ ッ カ ー の 視 点

　練習者をどのような動き方、体勢でシャトルの下に入らせたいのかをイメージして、ノック球の高さや速さを変える。フォア奥・バック奥を交互に出す練習も効果的。

中西理論!! 打つ体勢で球の質を変える

　ノッカーは練習者と同じエンドに立ち、フォア奥にシャトルを投げます。練習者は128〜129ページで紹介する二つのルートを選択して、シャトルの落下地点へ。リラックスした状態から打つ瞬間に力を入れるように、リズムよく動きます。いい体勢のときは強い球、不利な体勢のときはコントロール重視で沈める。どこにどう返すのがベストか、判断力も磨きましょう。打つ前にバック側で素振りを入れると、より追い込まれた状況がつくれます。ノッカーは練習者の様子を見ながら、高い球、低くて速い球を投げ分けてください。

バック奥の強化

種目 **シングルス** レベル **中級** **上級** 本数 **10〜20本×5セット**

バック奥への動き

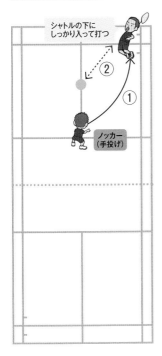

シャトルの下に
しっかり入って打つ

②

①

ノッカー
（手投げ）

フォア奥・バック奥交互の動き

練習者の動きを見ながら
高さやスピードを変える

練 習 方 法

練習者

①122ページ「フォア奥の強化」と同じように、バック奥に出された手投げのノック球を返す。
②打ったあとはホームポジションに戻る。
＊①〜②をくり返す。慣れてきたら運動強度を上げるために、逆サイドで素振りをしてから①を行う。

ノッカーの視点

　フォア奥と同じように練習者の体勢や動きを見ながらノック球を出す。中・上級者にはフォア奥・バック奥を交互に出すなど（右図）、手投げの内容をアレンジしていく。

中西理論!! ストレートとクロスを打ち分ける

　バック奥の苦手克服も、近い位置からの手投げノックで行います。慣れてきたらバック奥とフォア奥、左右交互にしてもOKです。逆サイドで素振りを入れてからのノックも取り入れましょう。
　そのほかにも、ネット前に立つ2人に向かって、ストレート・クロスカットを打ち分ける練習もおすすめです。練習者はバック奥からカットを落とし、打った方向に向かって走り、ヘアピンで対応。相手がバック奥に打ってきたロブを、再びカットして続けます。厳しい練習ですが、実戦と同じ意識で取り組めば確実にレベルアップする練習です。

日本代表ではどんな指導をしているの？　とよく聞かれます。トップ選手はすでにジュニアから社会人になるまでに「形」ができているので、私が指導するのは、技術的には細かい修正を加える程度。大きく改善することはほとんどありません。選手たちが試合でベストパフォーマンスを出せるように、練習メニューを組み、コンディションを考えながらコートに送り出しています。

　選手を指導するうえで必要だと思うのは、問題点を見極める力です。選手の短所を直すにも、ただメニューを与えるだけでは効果が小さい。短所となる理由は何か、どういうアプローチなら最短距離で修正できるのか、そこまで突き詰めることが大事です。

　指導者にとって経験は必要なことですが、それだけに頼るのもよくはありません。ぜひ、最先端のバドミントン技術を取り入れることにチャレンジしてください。最近は試合の動画が簡単に見られますし、選手も動画で学んでいます。指導者もトップのプレーにふれる機会を増やし、指導の幅を広げていきましょう。

第 4 章

状況別・タイプ別練習

シングルスのさまざまな状況を想定した
部分練習に取り組みましょう。
自分の不得意な場所から、どうポイントにつなげるかを考えます。
さらに、シングルスのタイプ別の戦い方や、
ダブルス強化につながる練習方法も紹介します。

ネット前の苦手を克服するポイント

ネット前の苦手意識をなくためのポイントを学ぼう！

ネット前は姿勢と
左足がポイント！

前が苦手な人にありがちなのが、上体が突っ込んで前かがみになること。胸を張って、体の中心部分をより前へと体重移動するイメージを持ってください。左手を後ろにしてバランスをとり、少しでも重心を後ろに残せば、スムーズに戻れます。「胸を張って左手を後ろに残す」が理想の姿勢です。

フォア前のポイントは左足。「右→左→右」のステップで2歩目の「左」の寄せが弱く、「右→ちょっと左」だと、最後の一歩が小さくなってしまう。左足で力強く押し出すと、前に落とされてもパッとシャトルに寄ることができます。

GOOD!

胸を張って上体が倒れないようにキープする

トップ選手の動きをCHECK！ アンソニー・シニスカ・ギンティン（インドネシア）

左足で
大きく蹴って

左足を右足に
大きく寄せる

右足を大きく踏み出す

バック前は真っすぐ押し出す

バック前の足さばきは、右足で一気に踏み込むか、「左→右」とステップを踏むか。シャトルへの距離と歩幅から瞬時に判断できるように、練習を重ねてください。

ストレートにロブやドライブを打つときは、ラケットを手首だけで操作したり、腕を返す(回外)スイングをするとコースが安定しません。自分の手とラケットは同じ動きであること。バックは手の甲で、フォアは手のひらで打つイメージです。シャトルに対して手を真っすぐ押し出す「線」のイメージができると、ストレートのコースは安定します。とくにバックからのストレートロブは、大きく振りきらず、ラケット面を真っすぐ押し出して当てましょう。

真っすぐ
押し出す

面を向け
たまま

ラケットを
引いて

**論旨
明快**

苦手克服には体と足の動きを確認

ショットやプレーを苦手とする原因はいろいろありますが、主に考えられるのは体の使い方です。初心者のころに教わったはずの基本が、忠実にできていないケースが多いのです。

自分の体を、シャトルが打ちやすい位置に動かしていない場合もあります。打つのが難しい場所で、しかも苦しい体勢で打とうとするから、ミスをしたり、いい球が打てないのです。そこで重視するのがフットワーク。足の動きが伴わないと、シャトルに力が伝わりません。足さばきやステップなど足の動きを確認し、手投げノックなどシャトルを使った練習で改善します。

フォア奥の苦手を克服するポイント

フォア奥からしっかり返すためのポイントを覚えよう！

CHECK!

フォア奥の入り方を確認

フォア奥の極意を言葉にすると、「シャトルの落下地点にいち早く移動。タイミングを計り、打つときはしっかり利き足で踏んばる」です。

落下地点に向かうには、二つのルートがあります。一つは、シャトルを体の横から迎え打つように入るルート（図1）。飛んでくるシャトルの落下地点に迎え打つように移動し、右足を踏んばって打つことでシャトルに対する反発力が高まります。この入り方だと、打ったあとの体重移動がコート前方に向かいやすく、体重をシャトルに乗せて打つことができます。

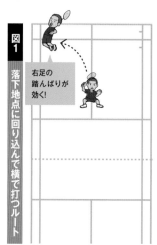

図1　落下地点に回り込んで横で打つルート

右足の踏んばりが効く！

トップ選手の動きをCHECK！ 周天成（チョウ・ティエンチェン／台湾）

体を回転させながら打ち返す

右足で踏み込み

シャトルの横に体を動かす

シャトルを体の横で打つイメージで入る。踏み込んだ勢いと体の回転を使って飛ばす

最短距離で
シャトルの下に入る

しっかり右足を踏み込んで打つ128ページのルートとは別に、シャトルの落下地点に最短距離で入るルート（図2）があります。この打ち方は体をうまく使わないと遠くに飛ばせないのですが、落ちてくるシャトルをより前で、より速くタッチできるメリットがあります。低いロブやクリアーでカウンターをねらうときは、こちらのルートを使ってもいいでしょう。

状況によって二つのルートを使い分けますが、どちらも打点が合わないとミスにつながります。また、体が流れてしまうと次の球に対応できないので、体勢を整えることを意識しましょう。

図2 シャトルの落下地点に最短距離で動くルート

より前で
より速くタッチ！

トップ選手の動きをCHECK!

高い打点を意識してスイング

顔の前で打つイメージで

落下地点に向けて動き出す

シャトルの落下地点に最短距離で入る。高い打点で打ちやすく、早いタイミングで返すことができる

バック奥（ラウンド）を怖がらない！

バック奥に打たれたシャトルを返すコツを覚えよう！

□ CHECK!

右足を強く出して半身になる

　バック奥からラウンドでの返球を苦手と感じる人は多くいます。初級、中級者に多いのは、半身になってシャトルの下に入れないこと。右肩を十分に引けていない「正面打ち」になっていると、力がうまく伝わらず、強いショットを打つことができません。

　原因がわかれば対策は見えてきます。右肩を引けない人は、最初のスタンスから一歩目の右足を強く出してください。左足のステップを一つ入れてもいいですが、右足を強く蹴ることで、自然と半身になれます。まずは、足元から見つめ直してみること。下半身あっての上半身です。

トップ選手の動きをCHECK!　戴資穎（タイ・ツーイン／台湾）

ラウンドで打つ場合は落下地点に半身になりながら下がる動きを取り入れる。追い込まれて苦しいときは、手首のスナップを使って少しでも遠くに飛ばす

トップ選手の動きをCHECK!　ラチャノック・インタノン（タイ）

左手を上げて上体をキープ

着地後は体を前に

右足を強く踏み出す

バック奥から打つときは、体重が後ろに下がらないようにする。すぐ次の球をとりにいく意識で

左腕と左肩で
上半身をキープする

　半身でシャトルの下に入れて
も、体の軸が倒れて頭がぶれて
しまうのはミスの原因。体と視点
が斜めになってしまうと、コース
は安定しません。「シャトルに寄
る」という意識を持って、体が倒
れないよう内側に絞り、左腕と
左肩で上半身をキープ。右手は
シャトルに向かい、左手は体が
流れないように止めます。背中に
壁があるイメージを持つといい
でしょう。あおられて打点が後ろ
になってしまったら、手首を使っ
て押し返します。

　うまくいかないショットも、原
因を探れば解決策は見つかりま
す。苦手だと逃げず、しっかり向
き合って克服しましょう。

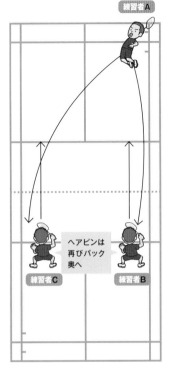

ヘアピンは
再びバック
奥へ

練習者C　　　　練習者B

練習方法

練習者A（動く側）
ネット前にいる
2人に対して、バ
ック奥からドロ
ップ・カットを打ち分ける。
相手のヘアピンに対して
は、ヘアピンで返す。

練習者B・C（動く側）
BとCは練習者A
のドロップ・カッ
トをヘアピンで
返す。Aのヘアピンはバ
ック奥にロブで返す。

ポイント

　練習者Aは追い込まれ
た状況でも、ラウンドで
ストレートとクロスに打
ち分ける。苦しい状況で
はバックハンドで対応可。

論旨明快

試合で使えるショットにするために

「練習ではできるのに、試合ではミスしてしまう」という悩みもあると思
います。たとえば、ラウンドからのショットは、その練習だけをしている
ときは、体を入れた理想的なフォームで打てるのに、試合になるとうまく
いかない。分析してみると、相手のロブにうまく対処できていない、ある
いは、スマッシュ後の対応がまずいなど、ラウンド前後に原因があります。
つまり、苦手克服には部分練習だけではなく、ケース別の練習に取り組
むことが大切なのです。「このケースでミスをしている」「このパターンが
苦手だね」と仲間同士で指摘し合えば、ミスを減らすことにつながります。

シングルスの「タイプ」と「練習」

シングルスのタイプ別の特徴と練習法を覚えよう！

3つのタイプの特徴を知ろう！

シングルスプレーヤーは、大きく3タイプに分けることができます。自分はどのタイプか、どのタイプをめざすのかがわかっていれば、練習に取り組む目的が明確になります。まずは、自分のタイプを考えてみましょう。

どのタイプにも共通していえるのは、追い込まれた状況で最後に頼るのは、手先の技術ではないということです。シングルスはどんな状況でも崩れないメンタルが必要。それは体力やガマン強さともいえるものです。シングルスは一人で広いコートを動きます。体力やフィジカル強化には、継続して取り組むようにしてください。

■攻撃型

スマッシュが得意で、攻撃を軸にしてラリーをつくるタイプ。力強いスマッシュを打てる高いフィジカル能力が生命線ですが、フォームやバランスが崩れると簡単なミスが増えてきます。

強烈なスマッシュから素早くネット前に詰めて攻撃の主導権を握っていたリー・チョンウェイ（マレーシア）。現役を引退したが、すべての選手のお手本となるプレーヤー

■ダブルス型

クリアーやロブなど大きな展開ではなく、ダブルスのような低くて速いラリーを得意とするタイプ。こういったタイプは少ないですが、攻撃型、ラリー型であっても、シングルス選手として幅を広げるために、備えておきたい要素です。

"天才"と称されたタウフィック・ヒダヤット（インドネシア）。現役時代は華麗なバックハンドなどから低い展開をつくり、自分のペースに持ち込んでいた

■ラリー型

クリアー、カット、レシーブなどでじっくりラリーを組み立てていくタイプ。プレーに派手さはありませんが、強いフィジカル、心肺機能、気持ちが武器です。

全盛期は攻撃的なラリーで世界王者に輝いた林丹（中国）。円熟期に入るとクリアーやカットを主体とした配球で相手を崩し、チャンスでは鋭いスマッシュを打ち込んだ

体力不足からメンタルを崩さない

たとえば、1回のラリーで20球分の体力しかない選手が勝つためには、「20球以内に決める」という考え方が求められます。そうなると、スマッシュは常にギリギリをねらわなければならず、クリアーは奥まで打ち返さなければいけない。相手が強ければラリーが長くなって体力を消耗しますが、体力がなくなると途端に気持ちも切れてしまいます。

でも、50球分の体力があればどうでしょうか。「50球のうちに決めればいい」と思えてくるはずです。20を50にするのは極端ですが、25や30球分のスタミナにすれば、気持ちに余裕が生まれます。さらに、ネット前では下からのロブでしのいでいた球を、一歩先に動いて上からヘアピンを打てれば、攻撃に転じられる。少しでも動く幅を増やせば、よりプレッシャーのかからない状況で、ラリーを進めることができるのです。

シングルスで勝つには、まず動けることが大前提。ダブルスは、相手の勢いや試合の流れなどがメンタルに影響を及ぼすこともあります。しかし、シングルスは体力不足から、

メンタルが追い込まれていくのです。

それを踏まえたうえで、各タイプ別の練習に取り組みましょう。ここで紹介しているのは、長所をより伸ばしていくメニューです。

広いコートをすべて一人でカバーするシングルスは、スタミナが必要不可欠。コート内外でスタミナ強化にも取り組もう

論旨明快

2対1練習で自分の力を引き出す

シングルスは、2対1練習に取り組むことが多いです。1側は二人を相手にするため、ラリーのスピードや体力ではかないません。そうなると、練習の途中で「ゆっくりラリーをつなごう」という考えが生まれて、安全策のプレーになりがちです。

しかし、それではレベルアップにつながりません。2対1練習は、どんなショットでも返されるのが当たり前。そのなかで、どうやって自分の力を引き出すかを考えます。積極的にスマッシュ＆ネットで仕掛けたり、速いクリアーを使ったりするなどして、自分からラリーのスピードを上げて追い込むようにしましょう。

スマッシュが得意な「攻撃型」の練習法

フィジカル向上とショットの精度を上げることをめざそう！

□ CHECK!

フィジカル強化で長所を伸ばす

スマッシュなどパワー、スピードで押しきるタイプの選手の練習メニューを考えるとき、強く意識するのはフィジカルコンディションです。スマッシュを連続5本打てるより、10本打てるほうがいい。また、ネット前の対応では、もう一歩動いて上からヘアピンを打つことを心がける。自分が得意とする攻撃に転じるためのフィジカル向上をめざします。

その次に考えるのが、持ち球を増やすこと。ストレートとクロスに同じ精度で打てているか。スマッシュだけではなく、カットやドロップをきっちり打ち分けられているか。もちろん、苦手とするレシーブ力を鍛えるメニューも取り入れますが、まずは長所の「攻め」ありき。そのうえで、短所を克服するという方針をとります。

攻撃のミスを少なくするために、まずは動きながら打つ練習をくり返す。苦しい状況でもフォームを意識しよう

トップ選手の動きをCHECK！　アンソニー・シニスカ・ギンティン（インドネシア）

体幹が強いのでジャンプが安定

打ったあとも体が安定している

フィジカルが強い選手ほど、安定したフォームで継続的に攻撃することができる

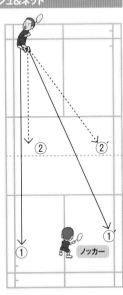

スマッシュ&ネット

練 習 方 法

①フォア奥からストレートスマッシュ、クロススマッシュを打つ。
②打った方向に向かって走り、ネット前でプッシュ、ヘアピン。
＊①〜②をくり返す。

□ CHECK!

練習メニューの組み方を考える

　練習ではメニューの順番を考えましょう。本番の試合では、疲れて足が動かなくなったとき、ミスショットが多くなるはず。それならば、ウエートトレーニングやフットワークをやってから、ノックで追い込む。あるいは、疲れた状況でコントロールの練習をする。そういった工夫が必要です。

　攻撃型は動いてチャンスをつくることが大事。フィジカルトレーニングはもちろん、シャトルを打つメニューでもインターバル系を取り入れるなど、フィジカルを向上させる練習メニューを組んでいきましょう。

逆N字ノック

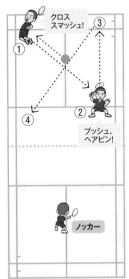

練 習 方 法

①ホームポジションからフォア奥に移動してストレートスマッシュ。
②前に詰めてプッシュ、ヘアピン。
③クロス方向に下がってストレートスマッシュ。
④前に動いてプッシュ、ヘアピン。
＊①〜④をくり返す。詳細は110ページを参照。

X字ノック

練 習 方 法

①ホームポジションからフォア奥に移動してクロススマッシュ。
②クロス方向に動いてプッシュ、ヘアピン。
③真っ直ぐ後ろに下がってクロススマッシュ。
④クロス方向に動いてプッシュ、ヘアピン。
＊①〜④をくり返す。詳細は111ページを参照。

低い展開が得意な「ダブルス型」の練習法

ラケットワークを鍛えて低い展開を仕掛けられる選手になろう!

□ CHECK!

大きく動かずスタミナ節約!

シングルスはクリアー、ドロップ、ロブを使った大きな展開が中心です。それに対して、ドライブなどを使った低い展開を得意とする、ダブルス的な要素が濃いタイプがいます。数としては多くないので、現役で活躍する選手の名前はなかなか浮かびませんが、アテネ五輪金メダリストのタウフィック・ヒダヤット(インドネシア)が代表的といえます。肩口の高さから鋭いショットを放ち、スマッシュは長めのレシーブで返す。前後に大きく動かない戦法なので、あまりスタミナを消耗しないラリーを展開することができます。

バックハンドでもフォアハンドと同じようなショットを打っていた五輪金メダリストのタウフィック。とくにボディ近くの球さばきは秀逸だった

トップ選手の動きをCHECK! 諶龍(チェン・ロン／中国)

高い打点でシャトルをとらえる

コンパクトに振って押し込む

シングルス選手はボディまわりの対応に苦戦することも多い。
速いタッチ、高い打点で押し込むプレーも覚えておきたい

ラケットワークを強化する

　低い展開が得意なシングルス選手が少な
いとはいえ、どの選手も備えておきたい要
素です。とくにシャトルが思った以上に飛
ぶ場合は、バックアウトになるリスクが高
まります。そんなときは、ネット前に集めつ
つ、相手をその場に留めるような低いドラ
イブで攻め込むラリーが有効。試合で勝つ
ために必要な技術です。また、体力が消耗
したときなどに、クリアーからドライブ展開
に切り替えてしのぐ作戦としても使えます。
低い展開に慣れるとともに、ボディまわり
の球さばき、ラケットワークといった部分
も下記の練習で強化しましょう。

華麗なラケットワークが印象的な元日本代表の佐藤翔治（手前）は、
単複でオリンピックに出場した

前後なしのゲーム練習

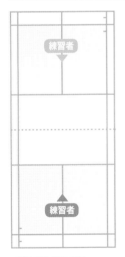

練習者

練習者

練 習 方 法

　ショートサービ
スラインからダブ
ルスのロングサー
ビスラインの範囲
に限定したゲーム
練習。前後が使え
ない状況で、低い展
開での駆け引きを
考えてラリーを組
み立てる。

ポ イ ン ト

　ボディまわりの練習でもあるので、サービス
リターンからボディをねらってOK。運動量が
少ないので、アップとして取り入れたり、練習
を盛り上げるレクリエーション的な意味合いも
あります。点数を数えてやってみてください。

低い展開を意識したコントロール練習

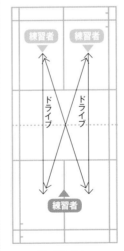

練習者　　練習者

ドライブ　ドライブ

練習者

練 習 方 法

　2対1でドライ
ブを打ち合う練習。
順番を決めて左右
に打ち分けるので
はなく、お互いラン
ダムに打ち合う。

ポ イ ン ト

　コンパクトなスイングを身につけて、低い展
開をマスターするのが目的です。シャトルが浮
かないよう、3人が低く低く意識して打ち合う
こと。単純に思える練習法ですが、苦手とする
トップ選手もいます。

ねばり強いラリー型の練習法

我慢強さが光るラリー型のスタイルを覚えよう！

体の強さを生かして勝負

　強い気持ちでしっかり動き、キレイなストロークでラリーをつなぐ。コートの四隅を丁寧に突いて、相手がスタミナ切れするのを待つ。男子選手よりも、ストローク勝負が目立つ女子選手に「ラリー型」が多いといえます。ラリー型の特徴は体のバランスが安定していて、シャトルに素早く寄れることです。球際にも強いため、ノータッチでエースを奪われるシーンが少ない。派手なプレーはないけれど、強いフィジカルで勝利をもぎとる選手が多いです。

　ラリー型は大きな展開からペースを握ることは得意ですが、低い展開になると苦しくなります。ドライブ系で打ち抜かれたり、フェイントで崩されたりするとリズムに乗れないことも。ラリー型と対戦するときは、サービスから徹底的に攻めて、得意のラリー戦に持ち込ませないことです。

男子シングルスで世界ランキング1位にも立ったことのある韓国の孫完虎（ソン・ワンホ）は、ラリー型として知られている

トップ選手の動きをCHECK！ 周天成（チョウ・ティエンチェン／台湾）

体勢を崩さずに動き出す

コースに向かってラケットを伸ばす

打ったあとも次を意識して体勢を立て直す

球際の強さが光る選手のプレーを見ると、動き出すときの体勢が安定している。また、打ったあと、次の球に対する意識も高い

心肺機能の強化がカギ

　ラリー型の選手が取り組む練習で一番のポイントは、心肺機能を高めることです。日本代表の練習では、ドライブ1分→全面クリアー1分→全面カット交互1分→全面スマッシュ交互1分…という基礎打ちを行います。一度もラリーを切らずに続けさせ、途切れた瞬間、コーチが横からシャトルを出して続行。パターン練習も同様です。一息つく間もないので本当にキツいです（右図）。

　ゆっくり考えて打ちたいという意見もあるでしょうが、試合中に追い込まれていたら、考える余裕はありません。考える以上に、ここでは体を動かすことが目的となります。ラリータイプは心肺機能とフィジカルが命。練習から一切妥協せず、徹底的に強化します。

心肺機能を高める練習

練習方法

　コート全面で練習者が基礎打ち、またはフリー練習。ミスした時点でコートのサイドにいるコーチや補助者がすぐにシャトルを出す。各ショット1分が目安。ほかのパターン練習なども同様に、ラリーを切らずに取り組む。

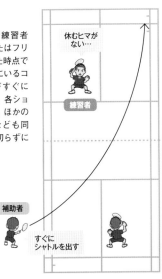

休むヒマがない…

練習者

補助者

すぐにシャトルを出す

後ろからのコントロール練習①

練習者B　練習者C

すべてコート奥に返球

コートの四隅に打ち分ける

練習者A

練習方法

　2対1で行う、コート奥からのコントロール練習。練習者Aはクリアーとカット（ドロップ）をランダムに打つ。練習者BとCは、すべてコート奥に返す。

ポイント

　ミスをしない限り続くので、自然とストローク練習になります。練習者Aはコートの四隅をしっかりとねらいましょう。練習者BとCは、甘い球がきたらスマッシュを打つなど、決め事をつくってもOK。時間の目安は15分です。

後ろからのコントロール練習②

スマッシュはネット前に返球

練習者B　練習者C

練習者A

スマッシュも積極的に打つ！

練習方法

　2対1で行うコントロール練習に、攻撃（スマッシュ）を加える。練習者Aは、クリアー、カット・ドロップ、スマッシュ。練習者BとCはクリアーやドロップをコート奥へ。スマッシュはネット前にレシーブ。

ポイント

　左の練習①にスマッシュを加えます。慣れてきたら練習者BとCが、「スマッシュに対してはショートレシーブ」などルールを決めてもいいでしょう。最終的には、本番の試合を意識してフリーにします。時間の目安は15分。練習①と②を合わせて合計30分が理想です。

ダブルスの特徴

多くの人が取り組むダブルスの特徴を覚えよう！

自分以外の3人を
どこまで意識できるか

　当たり前の話ですが、ダブルスは4人で行う種目です。ラリーの中身はシングルスに比べてより速く、より複雑になるわけですが、自分以外の3人を意識している人はどれだけいるでしょうか。対戦相手2人のことはもちろん、パートナーの動きのクセやプレースタイル、心理面を考えてプレーすることが、ダブルスでは必要です。相手と実力差があっても、2人の連係を互いに高めることで、試合に勝てるのもダブルスのおもしろさ。個人のレベルアップ以外にも、連係を高める練習を欠かすことはできません。

低い展開の
対応力が必須

　ダブルスとシングルスでは、使うショットの頻度が違います。コートを広く使うシングルスでは、クリアーやカット、ロブ、ヘアピンなどを多く使いますが、ダブルスではドライブ、プッシュ、スマッシュなどがラリーの軸となります。ダブルスでもロブは使いますが、高いロブとドライブの中間ぐらいの低くて速いロブを多用するため、テンポが速い「低い展開」のラリーが生まれやすくなります。

　2人の動き方にも注意しながら、スピードがあるなかでもミスを減らしていくことが勝利への近道です。

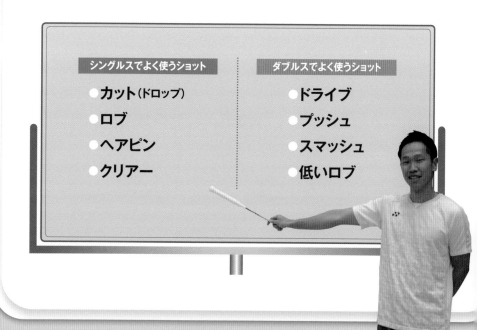

シングルスでよく使うショット	ダブルスでよく使うショット
● カット（ドロップ）	● ドライブ
● ロブ	● プッシュ
● ヘアピン	● スマッシュ
● クリアー	● 低いロブ

ダブルスの特徴をシングルスに生かす

ダブルスのラリーが速くなる理由の一つは、前述したように、多く使うのがドライブやプッシュ、スマッシュなど高速のショットであるためです。ラリーをしていれば、自然と速い球に対するラケットワークが養われます。体の近くで速いシャトルをさばく感覚もダブルスならではでしょう。これはシングルスだけでは、なかなか高められない部分です。

私は、シングルス選手もダブルス練習に取り組むことが必要だと思っています。速いラリーに対応できる力、とくにラケットワークが高まることで、レシーブの場面やネット前でのプレーの幅が広がるはずです。ぜひ、取り組んでみてください。

シングルスで世界一の実力を誇る桃田賢斗選手（左）は、高校時代にダブルスでも日本一に輝いている

P O I N T　ダブルス的なラリーで試合を組み立てる

シングルスの試合で体力が消耗したときや、相手のフットワークについていけないときなどは、ラケットワークを重視した速くて低いラリーに切り替えて劣勢の状況を打開します。シングルスの能力では格上の相手と戦うときも、ダブルス的な速い仕掛けで攻めてみると、意外と相手のペースを乱すことができます。

プレーの引き出しを多く持つことは、選手として非常に大事。逆に、ダブルス選手がシングルス練習や試合をこなすことで、プラスに働くことも多いものです。

自分の得意種目にこだわりすぎてもよくはありません。個人の能力の幅を広げる意味でも、いろんな練習に取り組みましょう。

前衛のヘアピン&プッシュ

種目 **ダブルス** レベル **初級** **中級** 本数 **連続20本×5セット**

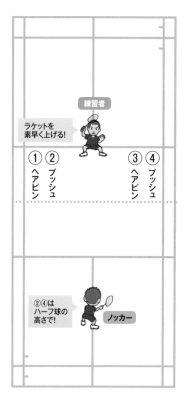

練習者

ラケットを
素早く上げる!

① **ヘアピン**　② **プッシュ**　③ **ヘアピン**　④ **プッシュ**

②④は
ハーフ球の
高さで!

ノッカー

練 習 方 法

練習者 練習者はノッカーから出されたフォア前の球を①ヘアピン。その後、同じ場所で②プッシュ。バック前に出された球を③ヘアピン。次に④プッシュを打つ。

ノ ッ カ ー の 視 点

ノッカーはダブルスの速い展開をイメージさせるために、ヘアピン(①③)を打たせたあと、プッシュ(②④)を打たせる球を早めのタイミングで出す。

中西理論!! ラケットを素早く上げる

前衛のネット前の対応力を高める練習です。練習者はヘアピンを確実に落としたあと、ラケットを上げて2球目の球を強くプッシュ、または強くたたきます。「次の球を意識する」という言葉は頭で理解しても、実際に速い球に対応する練習をしなければ、身につきません。①→②、③→④の流れを何度も反復練習してください。ヘアピンのあと、ラケットを素早く上げることがポイントです。

MEMO 試合を想定した球出しを

ノッカーは練習者がヘアピンを打ったあと、次はハーフ球の高さで出しましょう。出すタイミングは早くて構いませんが、ヘアピンのあとにドライブのような球筋がくるのは現実的ではありません。試合を想定した球出しをしてください。

L字ノック

種目 **ダブルス**　レベル **初級** **中級**　本数 **連続24本×3セット**

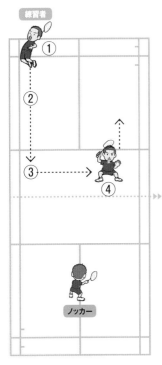

練習者

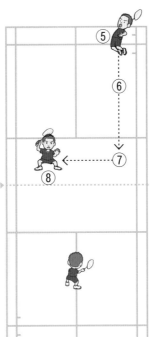

ノッカー

練 習 方 法

練習者

①フォア奥からスマッシュ
②ドライブ
③プッシュ（フォアハンド）
④プッシュ（バックハンド）
⑤バック奥に下がって
　スマッシュ
⑥ドライブ
⑦プッシュ（バックハンド）
⑧プッシュ（フォアハンド）

ノ ッ カ ー の 視 点

　ダブルスをイメージして、速いテンポでノック球を出す。連続攻撃を仕掛けることを想定しているので、③④と⑦⑧は確実にプッシュができる高さに出す。

中西理論!!　グリップチェンジを意識

　コート内を「L」の字に動きながら攻撃していくノック練習です。①〜③は前に詰めていく場面を想定しているので、①スマッシュと②ドライブはストレートに打ってください。また、サイドに動く③→④、⑦→⑧では、速いテンポのなかでグリップチェンジの判断が必要です。フォアとバック、どちらで打つほうが正確に強く打てるのか、考えながら対応してください。

MEMO
人数に応じて工夫を

　練習者の人数が多い場合は、全員が①〜④まで打ったあとに、⑤〜⑧を行うなど、工夫して取り組みましょう。

ダブルスの前衛強化練習

種目 **ダブルス** レベル **中級** 本数 **1カ所30本×3カ所**

前衛からのショートリターン

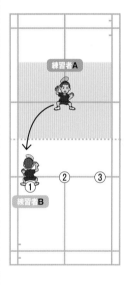

練 習 方 法

練習者A（動く側）
コート中央からネットまでの範囲内に出された球を、練習者Bにショートドライブで1点返しする。余裕があれば動く範囲を広げながら、ラリーのテンポを速くする。返球場所は、練習者Bが立つ①〜③。

中西理論!! 雑に返球しない

　前衛のショートリターン練習です。練習者Bはショートドライブとハーフ球に限定されるので、練習者Aも速いテンポのショートドライブなどで対応。ネットに近い場所での1点返しのため、ともに次の準備を意識してください。練習者Aは動くスピードが上がると返球が雑になるので、高い打点で打つなど前衛の基本を忘れずに！　ネットすれすれの高さで返球し、攻撃のチャンスを与えないようにしましょう。

前衛からの攻撃強化

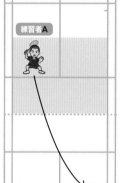

練 習 方 法

練習者A（動く側）
コート中央からネットまでの範囲内に出された球を、練習者Bに1点返しする。ショットは主にドライブ、ショートドライブ、プッシュとし、チャンス球はスマッシュなど攻撃的な球を打つ。返球場所は練習者Bが立つ①〜③。

中西理論!! 攻撃的な球を増やす

　左の練習メニューに比べて、練習者Bのポジションを後ろに下げたことにより、練習者Aは攻撃的なショットを取り入れます。1点返しの要領は変わりませんが、ショートドライブの練習に比べて左右に動く機会が増えるので、体勢が崩れやすい。次の球への反応を遅らせないために、ラケットワークを意識してください。前衛はコンパクトなスイングで攻撃するのが鉄則です。

ダブルスの後衛強化練習

種目 **ダブルス**　レベル **中級**　本数 **1カ所30本×3カ所**

後衛からのショートリターン

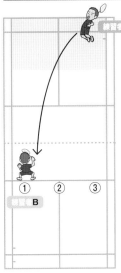

練 習 方 法

練習者A　コート中央からコート奥（動く側）までの範囲内に出された球を、練習者Bに1点返しする。ショットは主にネット前に返すショートリターン（レシーブ、ドロップ・カット、短いドライブ、つなぎ球）。返球場所は練習者Bが立つ①～③。

後衛からのアタック練習

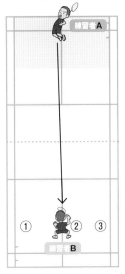

練 習 方 法

練習者A　コート中央からコート奥（動く側）までの範囲内に出された球を、練習者Bに1点返しする。ショットは主にドライブ、つなぎ球、スマッシュ。返球場所は練習者Bが立つ①～③。

中西理論!!　ネットすれすれを意識

　ダブルスの後衛練習の定番メニューです。練習者Aはコート後方からネットすれすれのショートリターンで1点返しをします。前衛練習に比べて運動量は増えますが、シャトルをコントロールしながら「相手に上げさせる」低い返球を心がけてください。ハーフ球の対応は、シャトルが浮かないように注意しましょう。練習者Bがロブを打つときに高低差をつけると、より実戦的な練習となります。

中西理論!!　つなぎ球を浮かせない

　ショートリターン練習に対して、ここでの練習は攻撃重視。練習者Bが大きなレシーブやドライブなどを出してくるので、練習者Aはスマッシュやドライブで連続攻撃します。どちらも沈むドライブを打たれた場合は、つなぎ球の質を落とさないように意識してください。この練習は距離が遠いので、ショットの強弱も考えながらラリーをすること。より実戦をイメージした練習になります。

2対1のローテーション練習

種目 **ダブルス**　レベル **中級**　時間 **1カ所5分×3カ所**

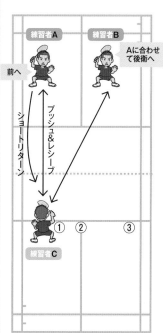

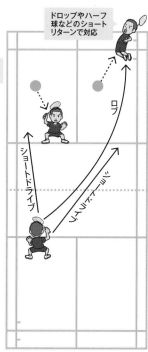

練習方法

練習者A&B（動く側） 練習者AとBはサイド・バイ・サイドでレシーブ。練習者Aがネット前にショートリターンしたら、Bが後衛に入る。トップ＆バックから1点返しの要領でラリーを続ける。後衛のBはカット・ドロップ、つなぎ球などショートリターン。Aはヘアピンやハーフ球で対応する。

練習者C（動かす側） ①→③の順に立ち、前半はプッシュ。練習者Aがネット前に落とし、前に動いてきたら、ロブやショートドライブで練習者AとBを動かす。

中西理論!! その場にとどまらない

ダブルスの攻撃陣形であるトップ＆バックに持ち込む練習です。練習者AとBはプッシュ＆レシーブから積極的にネット前をねらい、相手にロブを上げさせるようにしましょう。レシーブはその場にとどまらず、「一歩前に出てさわる」という意識で。相手のプッシュが浮いたら、ドライブなどの速い球で前に詰めてもOKです。

MEMO 素早くローテーション

守備から攻撃へのローテーションを目的とした練習です。動かす側の練習者Cは、2人のポジションを確認しながらショートドライブやロブでローテーションをさせましょう。右回り、左回りのどちらからもトップ＆バックに入れるようになるのが理想です。

2対2のローテーション練習

種目 **ダブルス**　レベル **上級**　時間 攻撃・守備各10分

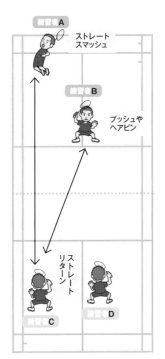

ストレート
スマッシュ

練習者A

練習者B

プッシュや
ヘアピン

ストレート
リターン

練習者C　練習者D

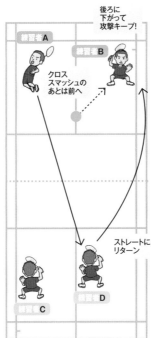

後ろに
下がって
攻撃キープ！

練習者A

練習者B

クロス
スマッシュの
あとは前へ

ストレートに
リターン

練習者C　練習者D

練 習 方 法

練習者 A&B
（攻撃側）練習者AとBはトップ＆バックで攻撃。後衛Aはフォア側からストレートスマッシュ。前衛Bはネット前に返球されたらプッシュやヘアピンで対応。後衛Aが甘いリターンをクロススマッシュしたら、前衛Bが下がってローテーション。Aが前衛、Bが後衛となって、逆サイドでラリーを続ける。

練習者 C&D
（守備側）練習者CとDはサイド・バイ・サイドでレシーブ。相手の攻撃はすべてストレートに返す。後衛がクロススマッシュを打ってきたら、練習者Dは前衛を後ろに下げるイメージでリターンする。

中西理論!!　**前衛が後ろに下がる判断を**

トップ＆バックからのローテーションは、前衛が動かなければスムーズにできません。ポイントとなるのは、前衛Bのポジションです。多くの前衛はショートサービスラインの一歩後ろに構えると思いますが、ローテーションを考えるのであれば、そこから50センチほど下がったほうが、前にも出やすく後ろにも対応しやすいでしょう。

MEMO
頭の上を抜かせない位置に立つ

練習者Bの立ち位置を少し後ろにする理由は、後衛Aがクロスに打ったあと、練習者Dのバック奥へのリターンを止めるためです。実際の試合では、相手もあきスペースにカウンターをねらうので、練習者Bはローテーションを頭に入れながら、自分の頭の上は抜かせないポジションを心がけてください。

トップ＆バックの攻撃練習

種目 **ダブルス**　レベル **上級**　時間 **前衛・後衛各10〜15分**

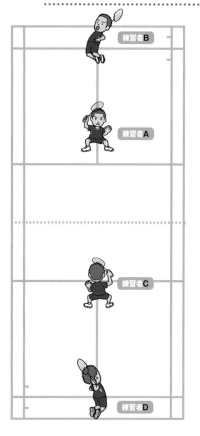

練習者B

練習者A

練習者C

練習者D

練習方法

練習者A〜D（動く側） お互いに前衛、後衛を固定したトップ＆バックの陣形でラリーをスタート。ロブや大きなレシーブを禁止し、ネットすれすれのノーロブ展開で打ち合う。前衛は主に弱めのプッシュ、ショートドライブ、ハーフ球など。後衛はドライブやロングドライブ、ネット前へのつなぎ球で対応する。

練習の目的

4人全員がミスなく「つなぐ」意識を持って行う練習。前衛はプッシュを打つとき、強くは打たずにコースを重視する。後衛はネット前に落とすつなぎ球でミスをしないこと。

中西理論!!　つなぐ・沈める意識

　ローテーションをせずに、自分のポジションに近い球を上げずに打ち合う練習です。前衛、後衛それぞれの役割がはっきりしているので、ミックスダブルスの練習などに取り入れられています。ポイントは、後衛が後ろからネット前に落とす球を、確実に沈めること。前衛は相手の動きを見ながら、プッシュやショートドライブで攻めることです。慣れるまではスピードを抑えてラリーを続けてください。

前衛は積極的に反応する

　前衛がまったく反応しないと、後衛は大変です。前衛は相手のリターンに積極的に反応して、なるべく前でストップさせましょう。後衛はそんな前衛の動きをフォローする気持ちで待ちます。前衛がフォアに動けば、バック側をカバー。前衛の動く傾向なども考えながら、的確なポジションどりをします。

ダブルス練習の効果

自分の種目以外の練習に取り組む意図を考えよう!

POINT シングルス選手にも求める「当て感」

テンポが速く、低い展開が生まれやすいダブルスは、ドライブ、プッシュ、スマッシュが主要ショット。それを踏まえてダブルスに求められるのは、コンパクトなスイングです。「準備→スイング→次の準備」という一連の動作を無意識にできるのが理想です。

また、速いショットに当てられる感覚のよさを「当て感がいい」という言葉で表しますが、これも高めておきたい部分です。体まわりの球をパッとさばける当て感のいい選手は、ダブルスが強いイメージがある。そして、その感覚はシングルス練習では得られないものです。シングルス選手も勝負所では当て感が必要なので、ダブルス練習にも積極的に取り組むことをおすすめしています。

POINT プレーの引き出しを増やすために

シングルス選手には「ダブルス練習が必要」と話していますが、ダブルス選手にはシングルス練習をおすすめします。とくにダブルスに専念する選手は、球際に強くない、ハイバックやヘアピンが苦手という傾向があります。シングルスの要素を磨くと、たとえばドライブ戦で負けている相手に対して、別の組み立てで勝負することができます。シングルスとダブルス両方を練習して

おけば、プレーの引き出しが格段に増えます。

上の世界に進めば進むほど、幅広い能力は必要です。「シングルス選手だからダブルスの練習は必要ない」「ダブルス選手だからペア練習だけやればいい」ではダメ。とくに若い世代の選手は、両方の練習に積極的に取り組むこと。プレーの幅や可能性を大いに広げてください。

　こまでに「シングルス選手もダブルス練習を
やろう！」とお伝えしましたが、私自身の学生
時代は、大会の直前にちょっと練習をするぐらい。
99パーセントがシングルスの練習だったので（苦笑）、
ダブルス的な展開が得意な選手には、少し苦手意識
もありました。そういった経験があるからこそ、いま
指導する選手には、ダブルスの要素を身につける練
習をやらせています。

　トップ選手の動画が手軽に見られる現在、チェッ
クしてほしいのは早川賢一コーチ（現・日本ユニシス
＆日本B代表コーチ）です。ラケットワーク、リストの
強さ、当て感など、私が見てきたなかで最高のプレー
ヤーでした。現役選手では嘉村健士（トナミ運輸）。
海外ではケビン・サンジャヤ・スカムルヨ（インドネシ
ア）。3人はともに前衛選手ですが、素早い準備から
のコンパクトなスイングが本当にすごい。速い球を、
さらに速い球で返せる技術もあり、ダブルスに欠かせ
ない要素を体現しているプレーヤーです。マネするの
は難しいですが、理想形の一つとしてチェックしてみ
てください。

独特の感性とやわらか
なラケットワークで世界
のトップに立つスカムル
ヨ。前衛の動き方にも注
目したい

第 5 章

戦術を考える

全国大会をめざす選手、各種大会で上位をめざす選手は、
戦術を使わなければ勝つことができません。
自分の特徴、相手の特徴を踏まえたうえで、
試合を有利に運べる戦い方を考えましょう。
ここでは、シングルスの戦術を詳しく紹介します。

戦術の組み立て方

試合に戦術を取り入れるときのポイントを覚えよう！

バドミントンの戦術とは？

相手を観察して
傾向を見抜く

　バドミントンの戦術を深く考えずにプレーしている人は、意外と多いのではないでしょうか。相手が打ってきたシャトルを返すだけとか、なんとなくの経験則でやっているとか、そういったプレーヤーが多いように思います。「もっと、頭を使ってバドミントンをしよう！」というのが、本書のねらいの一つです。ぜひ、戦術を意識して、バドミントンに取り組んでください。

　戦術の入り口は、相手選手をよく「観察」することです。たとえば、相手は自分よりも動けるのかどうか、カットやドロップにちゃんと届くのかなど、自分なりの視点でチェックします。ネット前のミスが多かったり、あまり届いていないのであれば、ドロップやカットなどネット前のショットを増やします。また、相手のフォアハンド、バックハンドの力量を見て、どちらのサイドで勝負するかを考えることも大切です。

　観察から見えてきた相手の傾向や弱点から、ラリーの組み立てを考えるのが戦術の第一歩です。

戦術を組み立てるポイントは？

相手の体型や体格から
戦術を考える

　観察の仕方について、もう少し具体的に説明しましょう。

　相手を分析するのに一番わかりやすいのは、体型を見ることです。身長が高い相手なら、低いロブはつかまりやすいので高めに出す。身長が低ければ、低くて速いロブで頭の上を抜く。ふくよかな体型でスタミナがなさそう、自分のほうが走れるぞと思ったら、長いラリーで勝負する。右利きか左利きかもチェックの対象です。

　パッと見た印象から戦術を考えるのは、初級者も上級者も同じです。実際にラリーをして、どのくらい動けるのか、前後左右の動きの速さはどうか、手元が器用なのか不器用なのか、さらに、どんなショットが多いのか、どのコースが得意なのか、相手のスタンスは……など、細かい部分を見ましょう。

　トップ選手になれば、試合前に予測していたプレーと実際にプレーしてみた感覚のズレを試合中に修正しながら、戦略を組み立てていくのです。

シングルスの戦術 ① ねばり強い選手への対策

球際が強い選手、レシーブが得意な選手の対応策を考えよう!

戦術 ①

ネット前の勝負に集中する

　ねばりが身上の相手に対しては、長い勝負に付き合わずにラリーを早めに切る戦い方を考えます。自分が攻撃的なタイプであれば、スマッシュやカットなどで仕掛けますが、相手も簡単にラリーを切りたくないので、こちらの攻撃を警戒して低い返球が多くなります(左図)。

　その場合は、ネット前の勝負に集中しましょう。チャンス球を引き出すのは難しいですが、スマッシュ＆ネットなどで前に詰める(右図)。積極的にプッシュを打って、相手のペースを崩しにいきます。プッシュが打てなくてもヘアピンなどで甘いロブを誘い、優位な状況で攻撃できるようにしてください。

☑ CHECK! ねばり強い選手の特徴 ▶▶▶ P138-139

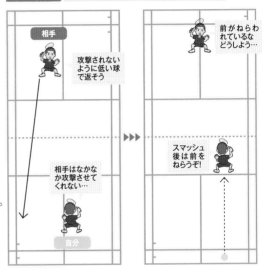

相手／攻撃されないように低い球で返そう／相手はなかなか攻撃させてくれない…／自分

前がねらわれているなどうしよう…／スマッシュ後は前をねらうぞ!

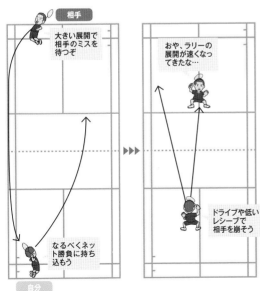

相手／大きい展開で相手のミスを待つぞ／なるべくネット勝負に持ち込もう／自分

おや、ラリーの展開が速くなってきたな…／ドライブや低いレシーブで相手を崩そう

戦術 ②

同じタイプなら戦術を変える

　自分が相手と同じタイプの場合の戦い方も考えます。ストローク戦が得意な相手だと、クリアーやロブなどを使った大きい展開が増えます。こちらのスマッシュが決まりだせば、相手は打たせまいと前に引きつけてくる。そうなったら、ヘアピンやプッシュなど、ネット前でプレッシャーをかけます。

　逆に相手が攻撃を仕掛けてきたら、コート奥に返しながら甘く入ったドロップやカットなどをねらいにいく。自分が低い展開が得意なら、ドライブ合戦に切り替えるのも一つの手です。

シングルスの戦術 2 パワー系の選手への対策

攻撃的な選手を攻略するための戦術を考えよう!

戦術 1

ロブとクリアーの精度を確認

体格が大きい選手や、パワーがあってスマッシュが得意な選手には、中途半端に上げると強打で押し込まれます（左図）。攻撃させないためには、沈める球を増やす戦い方がセオリー。レシーブやつなぎ球をネット前やサイドに打ち、コート内を前後左右に動かして体力を奪っていきましょう。

相手の攻撃で押し込まれる場合は、ロブやクリアーの深さを確認。守備から自分のリズムがつくれないのはロブやクリアーが浅くなり、レシーブの体勢がとれずに攻撃されるからです。ロブを奥まで上げて距離を遠ざければ、レシーブの体勢を整える時間が生まれ、スマッシュなどへの対応がしやすくなります（右図）。

☑ CHECK! パワー系選手の特徴 ▶▶▶ **P134-135**

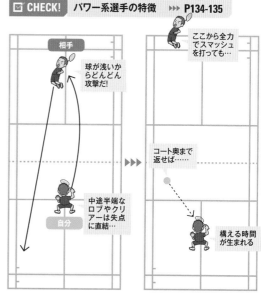

相手

球が浅いからどんどん攻撃だ!

中途半端なロブやクリアーは失点に直結…

自分

ここから全力でスマッシュを打っても…

コート奥まで返せば……

構える時間が生まれる

戦術 2

ネット前に引き寄せる

強い球を打たせないポイントは、「いいフォームで打たせない」ことです。そのためには、相手をネット前に寄せてから、後ろのスペースをねらう戦術がおすすめ。ヘアピンなどで引きつけてから、コート後方に低くて速いロブを打ちます（右図）。相手の上体をあおることができれば成功。体重の乗ったスマッシュを防ぐことができ、クリアーを打たせて自分の攻撃へとつなげられます。

パワー系で警戒するのは、フルスマッシュです。戦い方としては、60〜70パーセントのスマッシュを打たせる配球で試合を進め、体力が消耗したり、集中力が切れたりしたところで仕掛けましょう。

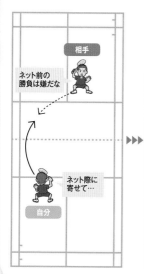

相手

ネット前の勝負は嫌だな

ネット際に寄せて…

自分

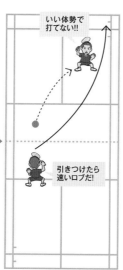

いい体勢で打ててない!!

引きつけたら速いロブだ!

戦術 ③
相手のリズムを崩す

　レシーブに自信があれば、「打たせて勝つ」戦術も取り入れてみましょう。リスクが少ないことが前提ですが、相手に「スマッシュが簡単に決まらない」と印象づけることでリズムを崩し、レシーブ側のペースに持ち込む作戦です（左図）。

　使い所は試合の前半。この作戦を最後までやり通すメリットが少ないからです。いくら守備に自信がある選手でも、守ってばかりでは勝てません（右図）。ロブやクリアーでは守備側にプレッシャーがかかり相手のスマッシュが決まり出すと勢いづく可能性も。効果がないと判断したら、戦術を切り替えて戦います。

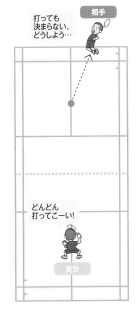

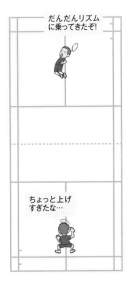

論旨
明快

相手の性格から次の球を予測する

　戦術を取り入れるときは、相手の性格も考えましょう。プレーには必ず性格が出ます。たとえば、こちらが連続得点を奪ったときに限って攻撃的なプレーをする選手や、試合が拮抗すると無理に打ってくる選手には、「すぐにポイントを取り返したい！」という心理が働いています。この場合、サービス直後から攻撃を仕掛けてくる可能性が高いので、守備の構えをすぐにとります。そのほかにも、サービスリターン（2球目）でネットミスをした相手は、次のリターンでロブを選択しやすいなど、ミスの仕方によって次のプレーを予測してもいいと思います。

　やっかいな相手は、感情の浮き沈みが見えない選手です。点差が離れても落ち着いて球を返してくる。ミスが少なく手強い相手といえるでしょう。

シングルスの戦術 ③ ネット前が得意な選手への対策

ネットプレーが得意な選手に効果的な戦術を覚えよう！

戦術 ①

相手に余裕を与えない

　ネットプレーがうまい選手に対して避けたいのは、自分がネット前におびき出されることです（左図）。そこで勝負すると、甘くなったヘアピンをプッシュで決められたり、浅いロブを上げる状況が増えます。相手の思い描く展開となり、なかなか抜け出せません。

　相手のペースに引き込まれないためには、攻撃展開、大きい展開、ドライブ展開を組み合わせながら試合を進めていくこと（右図）。もしもネット勝負になった場合は、相手に考える時間（余裕）を与えない。できるだけ高い打点でとらえ、相手にネットよりも下で打たせ続けるプレーを心がけます。

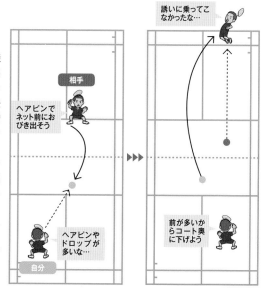

戦術 ②

ネットから離して対応させる

　ネット前のプレーを封じるために心がけたいのが、長めの球をうまく使うことです。長めの球というのは、ショートサービスライン付近から少し後ろのスペースをイメージしてください（右図）。その位置で相手に打たせれば、ネット際の厳しいところには返ってきません。

　さらに、速いタッチで下に沈めることができれば、相手はネットプレーでフェイントをする余裕が生まれません。長めのショットをうまくコントロールできれば、相手のリターンが長めに返ってくるケースが増える。こちらのペースに持ち込むことができます。

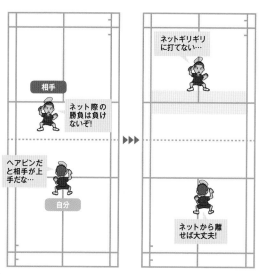

スピードとパワーで勝負

　ネットプレーがうまい選手には、コートの後ろに下げてプレーさせることも有効です（左図）。自分のディフェンス力やスタミナは必要ですが、相手に打たせてスタミナを削れば、ネット前のヘアピンの精度も落ちてきます。得意なショットの質が落ちれば、互角に戦える可能性が出てくるでしょう。技術で負けているなら、こちらはパワーとスピードで勝負。力強く押し返して主導権をつかみましょう。

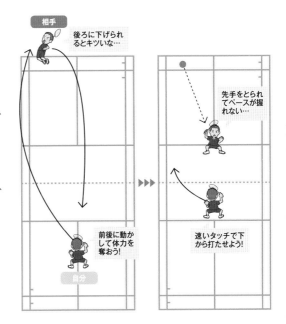

相手

後ろに下げられるとキツいな…

前後に動かして体力を奪おう!

自分

先手をとられてペースが握れない…

速いタッチで下から打たせよう!

論旨明快

相手や状況に左右されない選手をめざす

　強い選手は、相手が何を考えているのかを先読みしながら、自分の作戦を淡々とこなしていきます。相手の作戦に左右されず、点差が離れた状況などにも動じない。世界王者の桃田賢斗選手は、まさにそういった選手です。どんな相手でも、まずは自分がやるべきことをやる。相手が仕掛けてきても、簡単に崩れないメンタルが勝つためには必要です。

　逆に、すぐ崩れてしまう選手は、相手が戦術を変えたり、点差が大きく離れたりすると落ち着かなくなります。頑張ってプレーしているようでも、実はあまり考えてプレーしていない。対応力がなければ、たとえ武器があっても、使いこなせずに負けてしまいます。気持ちで崩れない選手になるには、やはり自信が大事。「自分は相手に負けていない」「○○で勝っているから、自分も勝てる」と思うことができる選手をめざしましょう。

カットを使った戦術（シングルス）

シングルスのラリーでよく使われるカットの戦術を覚えよう！

カットを戦術に生かす

オーバーヘッドストロークから打つショットをスピード順に分けるなら、速いほうからスマッシュ→カットスマッシュ→カット→ドロップとなります。パワーがあればスマッシュを軸とした戦術をとれますが、そうでない選手は、カットを中心にした戦術を考えることが必要です。

私は現役時代、特別にスマッシュが速いわけではなく、器用にラケットを使いこなすタイプだったので、カットで崩す・決める戦術を考えました。カットの使い方を覚えておくことは、戦術の幅を広げることにつながります。技術的なことは18ページからの「カット&ドロップ」を参考にして、試合本番での使い方を160ページ以降で学びましょう。

ショットの質	速さ	強さ	長さ
スマッシュ	◎	◎	△ （長い）
カットスマッシュ	◎	○	○
カット	○	△	◎ （短い）
ドロップ	△	×	◎ （短い）

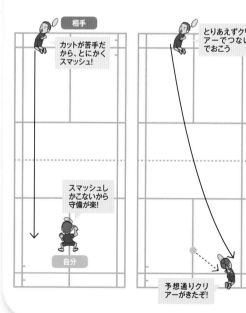

相手

カットが苦手だから、とにかくスマッシュ！

とりあえずクリアーでつないでおこう

スマッシュしかこないから守備が楽！

自分

予想通りクリアーがきたぞ！

CHECK!　カットが苦手な相手との対戦

試合を優位に運ぶことができる

カットが苦手な選手との対戦について考えてみましょう。苦手な選手の傾向として、一発目から簡単にネットにかけたり、サイドアウトのミスをしたりすることが多いです。これは"受ける側"にとっては、やりやすい相手。相手の攻撃時には、スマッシュなどの力勝負を仕掛けてくるので、受ける側の守備の意識は球足が長いスマッシュなどに集中できます（左図）。

コート後方に相手を追い込んだ場合も、カットに対する警戒心を弱めることができ、相手のクリアーや無理やり打ってくるスマッシュに備えればいい（右図）。先読みしやすく、次の対応もしやすいです。守備でも攻撃でもネット前のプレーが減るので、余裕を持った動きにつながります。

カットの使い手は"やりにくい"

次はカットを得意とする選手を考えます。試合で積極的にカットを使う選手との対戦では、受ける側の攻撃回数が減ってしまう可能性があります。というのも、相手をコートの後ろに追い込んだ場合、カットが苦手な選手であればクリアーを選択するのに対し、得意な選手はクリアーやスマッシュと同じフォームからカットを打ってくるからです（左図）。

本来であれば、クリアーを打たせて優位に立てる場面。 それなのに、受ける側の頭には「カットを打ってくるかも…」というイメージが残っているため、ネット前もコートの後ろも警戒することになります（右図）。うまくカットを使う選手は、受ける側にとって非常にやりにくい相手といえるでしょう。

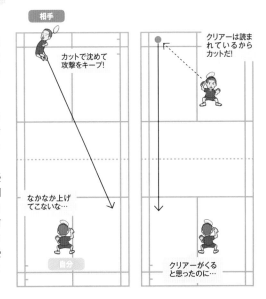

相手

カットで沈めて
攻撃をキープ!

クリアーは読ま
れているから
カットだ!

なかなか上げ
てこないな…

自分

クリアーがくる
と思ったのに…

論旨
明快

カットを打ったあとの意識

カットを打ったあとは、次の球を予測することが必要です。その予測する判断材料となるのは、自分が打った体勢、カットの質、相手がとらえた打点、相手のラケットの面の向き、相手の体勢などです。

自分の体勢が悪ければ、次の対応に遅れる可能性が高くなるので、相手はネット前をねらってくるでしょう。自分のカットの質が悪かったり、相手の打点が高い位置であれば、全面を守る意識で待たないといけません。逆に、カットの質がよかったり、相手の打点が低ければ、ネット前や甘い返球がくると思って動きます。カットを打ったあとは、常にホームポジションに戻ればいい、というわけではありません。戻るスピード、戻る位置を変えて対応する意識が大事です。

ストレートカット（フォア奥）の戦術 ①

ストレートカットを打ったあとのねらいを学ぼう！

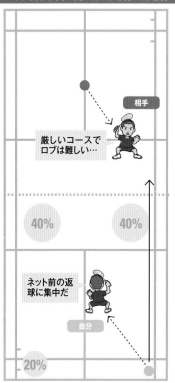

フォア奥から質の高いカットを打った場合

相手

厳しいコースで
ロブは難しい…

40%　40%

ネット前の返
球に集中だ

自分

20%

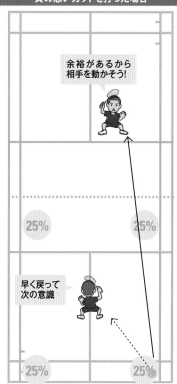

質の悪いカットを打った場合

余裕があるから
相手を動かそう！

25%　25%

早く戻って
次の意識

25%　25%

中西理論!! 質がよければネット前に詰める

　フォア奥からのストレートカットは、相手にネットより低い打点でとらせることが目的です。低い打点とは、床に近い高さ、つまりは相手の体勢が苦しい状況です。この場合、相手から返ってくる返球コースの割合は、左図のように、おおまかにいってフォア前とバック前が40パーセント、バック奥は20パーセントぐらいと考えます。

　逆にカットが甘く入ってしまったり、カットを打つときの体勢が崩れていたりする場合は、コートの四隅すべてを警戒。素早くセンターポジションに戻って（右図）、どこにでも対応できる体勢を整えます。

P O I N T

　質のよいカットを打った場合、前に出てネット前の返球を意識。相手が低い打点で対応しているのであれば、センターまで戻らず少し右サイド寄りで待つ。

ストレートカット (フォア奥) の戦術 2

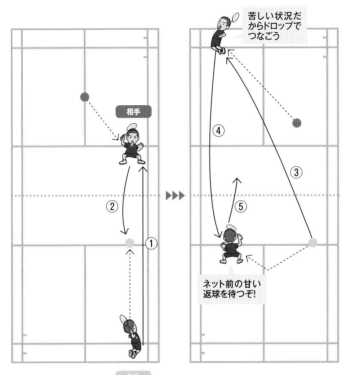

カットの戦術 (フォア奥から)

①フォア奥からストレートにカット。質がよければ前に出る。

②相手がストレートにヘアピン。

③クロスロブを打って相手を逆サイドに走らせる。

④追い込まれた相手がドロップ。

⑤ネット前に詰めてプッシュ、ヘアピン。

中西理論!! 返球を見極める

　ストレートカットからのオーソドックスな決めパターンです。ストレートに質の高いカットを打ったあと、相手が苦しい体勢からフォア前に打ってきたヘアピンをねらいます。高い打点からクロスロブを打つことができれば、相手は追い込まれた体勢で対応することになるため、次のプレー以降、試合を優位に進められます。

POINT

　この戦術のポイントは、相手の返球の見極め (左図②)。ヘアピンを予測するためには、相手の打点、体勢、ラケットの面の向きを見て判断する。

クロスカット（フォア奥）の戦術 ①

決め球にも使えるクロスカットの戦術を覚えよう！

相手のストレートクリアーに対して	相手の戻りが遅い場合	相手の戻りが速い場合

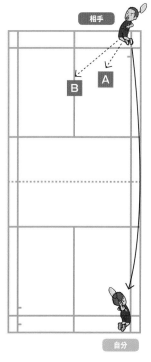

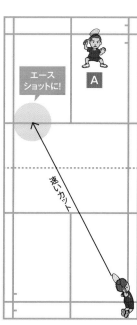

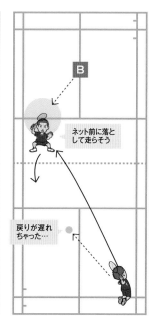

中西理論!! チャンスかどうかを見極める

　フォア奥からのクロスカットは、エースショット（決め球）に使う機会が多くなります。より効果的に決めるためには、カットを打つ前の状況を把握する意識を高めてください。たとえば、相手がバック奥からクリアーを打ってきた場合（左図）、逆サイドの前があいていれば速いクロスカットでねらうのがセオリー。相手の戻りが遅い場合（中

図）は、積極的に打ってもいいでしょう。
　しかし、相手がクリアーを打ったあとの戻りが速い、または体勢に余裕がある場合は、クロスカットをネット前に落とされて、形勢が逆転する可能性があります（右図）。スペースがあいているから打つのではなく、クロスカットが決め球になるか、ならないかの判断が必要です。

クロスカット（フォア奥）の戦術 2

相手の戻り方によってクロスカットを打ってみよう！

相手にクリアーの意識が残っていたら

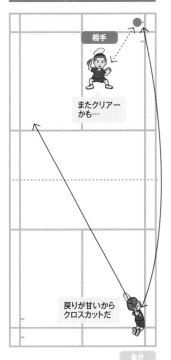

相手

またクリアーかも…

戻りが甘いからクロスカットだ

自分

自分のカットが甘く入ったら

戻りを速くして次の準備だ

カットが甘く入ったからセンターで構えよう

POINT

試合中はクロスカットをノータッチで決めるのは難しい。相手のポジションを把握しながら打てるタイミングを探る。

中西理論!! 相手にイメージを残す

　フォア奥からのクロスカットで決める状況を逆算して考えると、一番遠い位置、つまり相手のバック奥でプレーさせることが必要です。ポイントはクリアーを何度か打って、相手の頭のなかに「もう一度（バック奥への）クリアーがある」と思わせること。その意識が働くと、相手の戻りが遅れたり、戻る位置がバック奥寄りになります。

　相手の戻り方を確認し、動きが遅いと感じたら積極的にクロスカット。返球を想定してネット前に走り、次の球を待ちます。もしも、クロスカットが甘く入ったら、無理にネット前まで詰めず、センターで相手の返球を待ちましょう。自分のカットの質にも注意をしながら、ポイントをねらうようにしてください。

163

ラウンド奥からの戦術 ①

ラウンド奥から攻撃につなげる戦術を覚えよう!

クロスカットで攻める

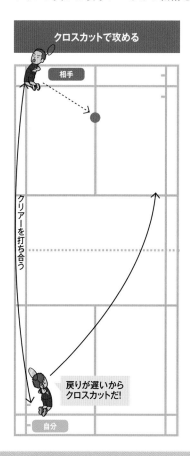

相手

クリアーを打ち合う

戻りが遅いから
クロスカットだ!

自分

意表をついてストレートカット

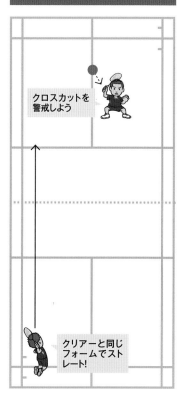

クロスカットを
警戒しよう

クリアーと同じ
フォームでスト
レート!

中西理論!! 意表をつくストレートカット

　ラウンド奥からクリアーを打ち合った場合、攻撃展開につなげるにはクロスカットが有効です。ラウンドからだと打ちにくさはありますが、鋭いカットが打てればチャンスが拡大。ぜひ、練習からクロスカットに取り組んでください。中・上級者以上であれば、リバースカットも打てるようにしましょう。

　クロスカットが甘く入ったり、相手に読まれると苦しい立場に追い込まれます。その場合は、クリアーを打つフォームから、スパッとストレートカットを打ちましょう。相手の意表をつけばノータッチで決まる可能性もあり、その後のラリーでも、相手はストレートとクロスで迷って反応が遅れることも増えてきます。

ラウンド奥からの戦術 ②

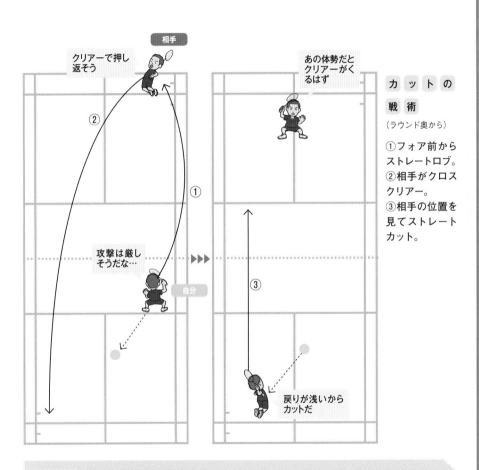

クリアーで押し返そう

相手

あの体勢だとクリアーがくるはず

攻撃は厳しそうだな…

自分

戻りが浅いからカットだ

カットの戦術
（ラウンド奥から）

①フォア前からストレートロブ。
②相手がクロスクリアー。
③相手の位置を見てストレートカット。

中西理論!! 苦しい場面での逆転カット

　フォア前からストレートのロブ（左図①）を打ったあとに、相手がクロスクリアー②を打ってきた場面です。自分が追い込まれて苦しい体勢で対応する場合、クリアーを打って体勢を立て直すのがセオリーです。しかし、相手はそのクリアーをねらっていて、自然とポジションを下げた位置で待っています。

　ここでネット前にストレートカット（右図③）を落とすことができれば、相手の反応が遅れたり、移動距離が長いので対応に遅れたりする可能性が生まれます。
　「苦しい状況になったらクリアー」ではなく、攻める姿勢を見せることも大切です。ラウンドからのカット練習にも積極的に取り組みましょう。

レベル・目的別の攻撃強化方法

ここでは、各章から「攻撃強化」に関するページをまとめて紹介します！

初級者はココをCHECK

■攻撃ショットの基礎を学びたい！

■フォームを確認したい

■各ショットの使い方・ねらいを確認したい

レベル・目的別の守備強化方法

ここでは、各章から「守備強化」に関するページをまとめて紹介します！

レベル・目的別に合わせた戦術

ここでは、各章から「戦術」に関するページをまとめて紹介します！

指導者の皆さんは、試合のインターバル中にどんなアドバイスを送っていますか？　私の場合、まずは選手の表情を見て、こちらの話すことが頭に入るかどうかを判断します。トップ選手でも、負けていればパニックに陥る場合もある。そんなときは、メンタル面を中心に、戦術や技術は一つ二つ、短く伝えます。メンタル要素と戦術・技術的要素を、どんなバランスで伝えるか。コーチの力量が問われます。

短い時間で簡潔に伝えるには、普段からの意思疎通が大事。「ラリーでねばろう！」といっても、クリアーでねばるのか、足を使ってねばるのか、よくわかりません。でも、「この前の練習でやった○○を覚えてる？　あれをやろう」なら、伝わりますよね。コーチングとは、コーチと選手との信頼関係の上にあり、試合前に決まっているものなのです。

また、選手がダメなときも、基本的には怒りません。選手が求めているアドバイスを考えながら、時には応援する声かけに徹することも。常に高度なアドバイスをするのではなく、状況に合った言葉を選ぶように心がけています。

Column ▶▶▶ ⑦ ノッカーが意識するべきポイント

　ノック練習で球を出すノッカーは、選手に気持ちよく打たせるのか、コートの端から端まで動かすのかなど、練習のなかで目的を明確にしましょう。たとえばスマッシュ＆ネットの場合、私は俊敏性を重視しているので、速いテンポで出しています。スマッシュの着地と同時にネット前に球を出す。ネット前で踏んばった瞬間に後ろに出す、という速さです。選手のステップを見て、ちょっと遠め、厳しめに調整しながら、体に負担をかけることを意識します。

　深さにも注意しています。男子シングルスは、バックバウンダリーラインのギリギリからスマッシュで攻撃することは意外と少ない。だから、スマッシュを打たせる場合は、ダブルスのロングサービスライン付近に上げるようにしています（図）。それと同じ理由で、ネット前の練習も、白帯間際に落とすよりも、実戦で打つ高さ、長さをイメージしています。ノッカーは単に球を出すのではなく、シャトルにしっかり意図を加えて、ラリーの流れを意識した球を上げるようにしてください。

ここからスマッシュを打つケースは少ない

実戦ではこの深さでスマッシュを打つケースが多い

ノッカー

おわりに

あらためて考えてみる「バドミントンの魅力」とは

バドミントンは、誰でも手軽に楽しめるスポーツです。ラケットとシャトルとシューズがあれば、年齢や性別や体型を問われることはない。背が高い人も低い人も、スリムな人もそうではない人も、一緒にプレーすることができます。

ただ、競技としてやるとなれば、強いフィジカル、繊細な技術など、多くの能力が求められる厳しさもあります。

といっても、そのどれかを使って勝てばいいのです。パワーはないけれどスピードを生かして勝つ、器用さで勝つ、頭を使って勝つ。いろんな要素からアプローチして勝負できるのも、大きな魅力の一つ。この本を読んでくれた方に、バドミントンの幅広いおもしろさが伝わればうれしいです。

自分の頭で考えて「バドミントンのコツ」をつかむ!

この本のタイトル『アカデミック・バドミントン』には、「教わったことをそのままやるだけではなく、自分の頭で考えてほしい」という意味が込められています。

私は現在、日本代表のコーチを務めていますが、代表選手になれるかどうかは紙一重だと感じます。それを分けるポイントの一つが、「バドミントンのコツ」を知っているかどうか。試合で

なかなか勝てない人は、おそらく、それが欠けているのです。

　一生懸命に練習しているのに試合で勝てない、上達できない。そんな人は立ち止まって、効率のいい練習や技術について、考えてみてください。この本には、バドミントンのコツをつかむためのヒントや練習方法がたくさんあります。最初に書いたように、完全コピーしなくてOK。自分の頭で考えて練習して、自分のスタイルを確立してください。

「やる気はあるけど、うまくなれない。でも、うまくなりたい！」

　そんな人にとって、この本が上達のキッカケになることを願っています。

　これからも、一緒に頑張りましょう！

■著者プロフィール

中西洋介（なかにし・ようすけ）

1979年8月30日、香川県高松市生まれ。香川第一中時代に全国中学校大会で団体・男子シングルスを制覇。埼玉の強豪・上尾高に進学し、インターハイで団体優勝、個人戦でも男子シングルスで全国制覇を成し遂げた。日本大在学時は、2・3年生のときに日本一を決める全日本総合で男子シングルス準優勝。4年時のインカレでは団体戦・男子シングルスで優勝を果たし、小中高・大学すべての全国大会の団体戦・男子シングルス優勝を達成した。名門・日本ユニシス入社後は、シングルスエースとしてチームを日本リーグ初制覇に導く。日本代表として国際大会でも活躍し、2006年男子国別対抗戦・トマス杯ではベスト8に貢献した。2008年には日本ユニシスの選手兼任監督となり、同年6月に現役を引退して監督に専念。その後は、日本B代表コーチを経て、2017年からA代表コーチに就任。代表で指導する桃田賢斗は2018、19年世界選手権V。日本男子史上初となる世界一を達成している。

中西洋介の
アカデミック・バドミントン

本書は『バドミントン・マガジン』2017年6月号〜18年5月号、18年9月号〜19年7月号の連載を再構成して新たな内容を加えたものです。

デザイン／PAGUO DESIGN（西藤久美子、松田愛子）
写真／井出秀人、菅原淳、黒崎雅久、川口洋邦
イラスト／丸口洋平
編集協力／平田美穂、佐々木和紀
動画制作／BREKKIE株式会社

2021年2月25日　第1版第1刷発行

著　者／中西洋介
編　集／バドミントン・マガジン
発行人／池田哲雄
発行所／株式会社ベースボール・マガジン社

　　　　〒103-8482
　　　　東京都中央区日本橋浜町2-61-9　TIE浜町ビル
　　　　電話03-5643-3930（販売部）
　　　　　　　03-5643-3885（出版部）
　　　　振替口座 00180-6-46620
　　　　http://www.bbm-japan.com/

印刷・製本　共同印刷株式会社